睡眠学习法

爱编程的魏校长 著

中国人民大学出版社
·北京·

前　言

　　我算半个学霸。为什么说算半个学霸呢？

　　一来是因为我是个特别偏理科的人，我的数理化很好，好到得过全国数学竞赛一等奖。如果清华大学和北京大学只看数理化成绩，那我考进清华大学和北京大学应该不成问题。可惜，我别的学科成绩一般，所以我与清华和北大无缘，也就不能算真正的学霸。

　　二来是因为我有个名叫加加的女儿，她是个学霸，门门课考试成绩名列前茅。但加加以前成绩并不好，遇到过别的孩子也遇到过的各种学习问题，曾经在学习上走了不少弯路。后来在我的引导下，加加的成绩突飞猛进，她成了班里的尖子生，我慢慢成了学霸的爸爸。

　　三来是因为我在微博上分享我教育女儿的经历和女儿成长变化的过程，引来了很多家长的羡慕和咨询。接受过我咨询的家长把我的学习方法告诉孩子，引导孩子用更高效的方法学习。其中不少孩子的成绩果然越来越好，一来二去，我又成了很多学霸的叔叔。

　　邻居们知道我女儿是学霸，总来找我讨论孩子的教育问题，问我为什么我不怎么管孩子，孩子的学习时间也不长，还能这么优秀。而邻居将心思全放在孩子身上，孩子常常学习到晚上一两点钟，成绩却不见得好。

我总笑笑说："因为我不管，所以刚好就没有起到负作用啊！管多了，孩子无所适从。本来好好的，这下给折腾坏了，如此，管就当然不如不管了。"有的孩子，因为家长管得太多了，已经听不进任何话了，我们还要强灌，何必呢，不如顺其自然吧。

当然，说不管，那是不确切的，这是一种矫枉过正的说辞。先要让很多家长学会不管，再让他们学会如何有效地管。其实要让孩子的成绩有所提高，除了父母不起负作用这一点，学习方法也起到了非常关键的作用。

比如和我深入交流过的一个中学生张浩辰。张浩辰的父母对他的学习成绩期望很高。每当考试临近，他都会感到满满的焦虑和压力。他会延长学习时间，每天都学习到深夜，希望通过长时间的学习来提高成绩。但这种方法似乎并不奏效，反而让他感到更加疲惫。他在课堂上无法集中注意力，常常走神或打瞌睡。

张浩辰的父母一开始担心他的学习成绩，给他安排了很多在线课程，也会陪着他一起学习，一起熬到半夜一两点钟，一方面是为了辅导他，另一方面也是在监督他。父母怀疑张浩辰学习的时候偷懒，希望通过这种"督促"帮助他把心思放在学习上，从而提高成绩。

可紧接着，他们反而开始担心张浩辰的健康状况。因为他们发现，张浩辰并没偷懒。比原来更长的学习时长只是增加了张浩辰的压力，而无助于他理解和掌握知识，反而让他看起来精疲力竭——每天都顶着"熊猫眼"，仿佛是生了一场大病。

后来，因为担心张浩辰的身体健康出问题，父母就不再逼迫他学习，而是放任不管了。终于，张浩辰每天晚上有了属于自己的休闲时间，也可以正点睡觉了。

刚开始可以自己安排时间，他有些不习惯，总觉得这样下去成绩会更差，索性就想玩的时候玩，想学习的时候再学习。

以前每天下午5点放学吃完饭，张浩辰几乎全部时间都在学习，现在晚上写完作业后，他将学习时间控制在3个小时以内，其余时间自己想做什么就做什么。这样持续一段时间后，没想到成绩不仅没下降，反而还有所提高。

他的父母很吃惊，问我为什么会这样。我说："很可能是因为浩辰睡够了。"

学习并不是一场比拼时间投入的竞赛，而是学习效率的比拼。把学习效率提上去，每天其实不需要投入那么多的学习时间。而有时候投入的学习时间过长，反而会降低学习效率。

我以前教过加加睡眠学习法。加加过去有段时间总是休息不好，早晨起床后总喊困，说自己上课没精神，晚上回家也学不进去。这就形成了一个恶性循环。后来我教她调整睡眠习惯，先保证睡好。要学的知识太多实在复习不完，就用睡眠学习法，在睡觉前和醒来后挑重点内容复习，她的成绩果然有了显著提高。

我把这个方法教给了张浩辰。用好这个方法的前提是要保证足够的睡眠。他那时候已经能保证每天的休息，具备了实施睡眠学习法的条件。每天利用好睡觉前和醒来后的时间专注学习，这样只需要耗费比较短的时间，就能大大提高学习效率。

他试着这样做，开始的时候是睡前和醒来后看课本，慢慢地对知识熟练后开始复习笔记，之后他只需要看自己做的知识卡片就能做到有效复习。他每天挑选当天学习的重点内容，可能是几道数学题、一段英语短文或某个物理概念，然后在睡前用心去理解和记忆。躺在床上后，再回想一遍这些知识点，让它们在头脑中慢慢沉淀。

由于不再熬夜，他的睡眠质量有了显著改善。每天早上醒来时，他感到精神饱满、充满活力。张浩辰会在起床后的第一时间再次回顾那些知识点。这时候，那些知识就像是被唤醒了一般再次涌现出来，记忆效果特别好。

随着时间的流逝，张浩辰的成绩稳步上升，就像是田里那颗粒饱满的稻谷，经过风雨的洗礼，终于迎来了收获的季节。在班级的月考中，他的成绩从中等偏下跃升到了班级前列。成绩的提升让他产生了成就感，他在学习中找到了乐趣，不再像过去那样感到压抑和无助，整个人的气色也好了很多。

张浩辰的父母很感谢我，希望我把教加加和张浩辰的睡眠学习法写成书，让更多人知道，帮助更多学习效率低的孩子提高成绩。本来我觉得没必要，后来随着咨询我的家长越来越多，我看到了好多像张浩辰一样的孩子。这些孩子也许只需要做出不大的改变，打破低效学习的循环，成绩就可以提高一大截。

睡眠质量直接关系到学习的效率和记忆力的强弱。必须确保充分的、深度的睡眠，保证足够的休息，才可能有比较高的学习效率。尤其是在课业比较多、学习负担较重的时期，休养生息的重要性远大于把时间耗在低效率的学习上。

不知道你有没有发现，学霸的学习时间并不一定比别的同学长。换句话说，学霸之所以成为学霸，不是因为学霸耗费了更多的时间在学习上，而是因为学霸能够保证足够的、有效的学习时间。

说得再明确一些，学霸是赢在了学习效率上，而不是学习时间上。学霸每天睡前高效学习10分钟，睡醒后高效回顾10分钟，可能等于别的同学苦苦学习好几天。

正确的学习方式是劳逸结合，而不是死记硬背、熬夜苦读。其实，睡前和醒来后是大脑接收、处理和回忆信息的最佳时间，可以充分利用人类的认知功能，确保信息能够以最高效的方式被理解和存储。

不正确的学习方法往往忽视认知心理学和记忆科学的原理，导致漫无目的地学习，缺乏计划，或是长时间连续学习不休息。

这些方法不仅效率低下，而且会对孩子的身心健康产生负面影响。长时间的熬夜学习可能导致记忆力下降、理解力减弱，即使花费了大量时间和精力，也难以取得理想的成绩。

磨刀不误砍柴工。睡觉并不是浪费时间，而是为了更好地学习记忆在做充分准备。掌握正确的学习方法不仅能够帮助学生以较少的时间投入取得更好的学习效果，而且有助于学生养成良好的学习习惯。

针对学生如何高效地利用学习时间，劳逸结合，结合我个人的学习经验、我女儿成为学霸的实践经验和我帮助过很多孩子成为学霸的教育咨询经验，我写了这本《睡眠学习法》。希望通过这本书，让你学会用比较短的学习时间提高成绩，每天精神抖擞，开开心心每一天。

本书若有不足之处，欢迎批评指正。

本书内容及体系结构

睡眠学习法如果简单地说，一句话就够了，就是睡着前和醒来后学习一段时间。这是睡眠学习法的实施框架。这就像是要在考试中取得好成绩，也一句话就够了——好好学习呗！显然，一句话是没有操作细节的。

有效的方法包含的实施细节不会太少。比如对于睡眠学习法的实施，至少要回答"为什么睡眠学习法有效""为什么跟睡眠有关""我具体要如何做""每天具体要学什么""如何实施效率最高""可以用什么工具"等各种各样的具体问题。

于是,我将本书分成五章。

第 1 章 劳逸结合:休息比你想得更重要

休息对人的身心健康很重要,对提高学习效率更重要。一分耕耘一分收获在宏观上是对的,但在学习上是有待商榷的。学习好不是靠时间堆起来的,并不是多投入一份时间就能多一份收获。在这一章,我会介绍记忆的原理、遗忘的原理,帮助你高效学习。

第 2 章 睡好学好:睡眠保障与学业提升

在这一章,我会深入介绍睡眠对大脑健康和学习效率的影响。你会发现高质量的睡眠可以帮助大脑清理废物和巩固学过的知识。了解了有效睡眠的秘密、充足睡眠的意义、高质量睡眠的好处和保障高质量睡眠的方法,你可以更好地利用睡眠保障自己的学习。

第 3 章 轻松学习:睡眠学习法这样实施

在这一章我会详细介绍睡眠学习法的实施框架。睡眠学习法分为睡着前和醒来后两个环节,这两个环节具体如何做、要准备什么、要注意什么,我都会讲到。除了夜间休息外,课间、午间和晚间的休息也是实现劳逸结合、提高效率的重要方式。

第 4 章 学习技巧:睡前这样学习效率更高

并不是只需要简单地实施睡前学,然后睡觉,醒来再学,学习成绩就能好的。如果不讲究策略和技巧,睡着前和醒来后的学习也很可能变成低效的学习。要有效实施睡眠学习法，还需要一些工具和方法作为辅助。

第5章 学习保障：取得好成绩的路线支撑

好成绩不能仅靠睡眠学习法这一种方法实现，还要全面学习。要取得好成绩，除了应用睡眠学习法外，还要注意在各学习阶段全面学习，养成好的学习习惯，提升屏蔽力，防止被干扰。

睡眠学习法只是本书倡导的一种学习方法。学习方法可以因人而异、因时而异、因地而异。相比于睡眠学习法的实施框架，本书更强调劳逸结合和提高学习效率。

没有谁比你更了解自己。当你读完本书，理解了本书介绍的方法后，你可以设计出更适合自己的、专属于自己的睡眠学习法。

本书的读者对象

- 想要短时间内提高成绩的学生
- 成绩不佳的学生的家长
- 准备考取各类证书者
- 所有终身学习者
- 任何期待短时间内学会新领域知识的人
- 所有期望通过学习改变命运的人

目 录

第1章 劳逸结合：休息比你想得更重要 1

1.1 打破误区：学习好靠的不是时间 3
1.2 信息储存：记忆究竟是怎么回事 16
1.3 信息提取：遗忘为什么会发生 28

第2章 睡好学好：睡眠保障与学业提升 41

2.1 睡眠的秘密：大脑清理与信息巩固 43
2.2 充足睡眠：无论如何睡个好觉 52
2.3 保障睡眠：睡不好觉怎么办 63

第3章 轻松学习：睡眠学习法这样实施 75

3.1 集中学习：睡前10分钟好好学 77
3.2 抓紧复习：醒后10分钟做回顾 88
3.3 间歇休息：课业中途充电站 101

第 4 章　学习技巧：睡前这样学习效率更高　115

4.1　知识卡片：充分利用碎片化时间　117

4.2　记忆方法：这样记能事半功倍　138

4.3　间隔复习：定期回顾学得好　159

第 5 章　学习保障：取得好成绩的路线支撑　173

5.1　学习方法：高效学习的五个阶段　175

5.2　学霸习惯：成绩提高的辅助方法　190

5.3　屏蔽力：排除干扰，实现专注　207

【测试题】量化评估你当前的屏蔽力　224

结语：追逐梦想，未来有无限可能　230

第 1 章

劳逸结合：
休息比你想得更重要

我没见过哪个学生是靠熬夜、耗时间成为学霸的。相反，我知道的所有学霸都懂得在该学习的时间学习，在该休息的时间休息。学霸讲究的绝不是学习时间的长短，而是学习效率和学习质量。

1.1 打破误区：学习好靠的不是时间

很多人有个普遍的认知误区，那就是"学习时间越长，学习成绩越好"。事实上，长时间连续学习不仅可能导致效率低下，还可能对身心健康造成不利影响。学习确实需要时间的积累，但需要的是有效学习时间的积累。有效学习，看重的是学习的质量而非数量。短时间高效的学习会比长时间低效的学习带来更好的记忆效果。

1.1.1 认知超载：长时间学习很可能无效

我有个邻居望子成龙，他每天逼迫孩子花费超过10个小时在学习上，可孩子的学习成绩依然不见起色。邻居怀疑自己的孩子是不是不够聪明。我见过那个孩子，他是个看起来很机灵的男孩，沟通表达和逻辑思维能力都没有问题。

我有次问那个男孩他觉得自己成绩不佳的原因是什么，他说他虽然每天花很长时间学习，但总是会忘记之前看过的内容，而且他的注意力时常因一些琐事分散，他感到疲惫不堪，难以集中精力。他父母逼得紧，有些知识他没有理解就死记硬背，考试的时候不会活学活用。

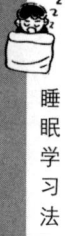

尽管他花费了大量时间，但由于缺乏高效的学习策略和适当的休息，他的努力并没有转化成高质量的学习成果。

很多家长把孩子的大脑当成一个大口袋，觉得只要耗费足够的时间，往里面生填硬灌，就能装进去足够多的知识。这样孩子就能取得好成绩，这就是所谓的填鸭式教育。我们稍微静下来用常识想想就会发现，事情当然不是这样的。

在我小时候就已经有很多书和文章在讲填鸭式教育的错误，我原本以为这已经是人尽皆知的事情，但从很多孩子的实际学习情况来看并非如此。当然，这也许是因为知道和做到之间有一条鸿沟。很多家长并不是不知道，只是就算知道了，也是听之任之。

如果别人想把我们的脑袋当成口袋往里装东西，我们自己不认可，那凭什么认为对孩子做这样的事就可以呢？很多家长把自己父母当年对自己做过但被证明无效的事，又拿来对孩子做，结果当然还是无效的。

人类大脑处理信息的能力是有限的。大脑作为一种人体器官，和人体其他器官一样，有使用极限，也会累。连续不断地向大脑灌输信息，会导致认知过载，也就是所谓的大脑疲劳。这时，处理信息和记忆的效率会大幅下降，使学习的效果打折扣。

视觉和听觉信息如果在短时间内大量涌入，会造成感官超负荷，大脑难以同时处理这些信息，导致认知能力下降。而且，不仅信息的过量会导致认知过载，信息的难度和复杂性也可能引发大脑的不适。复杂或难以理解的信息需要大脑投入更多的资源去处理。

人的意志力不是取之不尽、用之不竭的，它是一种有限的资源。长时间的学习需要我们不断进行自我控制来保持专注，这会逐渐消耗我们的意志力储备。一旦意志力耗尽，学习动机和专注力也会随之降低。

意志力，或者叫自我控制能力，就像一块"精神能量电池"。新的一天开始时，"电池"是满电状态，随着我们作出各种决策和努力保持专注，"电池电量"就会慢慢减少。学习需要比较强的专注力，属于一种高能耗的脑力劳动，会加速"电量"的消耗。学习任务越艰巨，"能耗"越高。

己所不欲，勿施于人。大人都受不了长时间耗在一件事上，更何况孩子呢！正常人都不喜欢压力环境，长时间面对信息泛滥和认知超载，人可能会感到挫败和疲惫，挫伤学习的积极性和主动性。这也正是有些孩子不喜欢学习的原因。

既然堆积学习时间并不会有助于学习,那么每天适合学习多长时间呢?

科学上对于每天学习的时间上限并没有统一的观点,一般认为,确定学习时长的关键在于找到保持精神集中和避免疲劳的平衡点。这种平衡点受学习效率、专注力和健康等多种因素的影响。

尽管科学上没有一个能适用于所有人的确切的学习时间上限,但科学研究建议每天的学习时间应当是有弹性的,应根据个人的注意力周期、记忆保持的需要以及整体健康状况来调整。

根据我的知识和经验,我一般建议每天高质量、高强度学习的时间不要超过 6 个小时,而且这 6 个小时不能是连续的,中间要有间隔,而且要有必要的、适量的休息时间,以确保学习的可持续性和效率。

我建议的 6 个小时,主要指的是主动学习的时间,不包括上课听课的时间。听课虽然需要耗费注意力,但通常不属于高质量、高强度的学习。老师在讲课的时候总是会有所停顿,而且还会在需要的时候有所重复。

我的经验是,根据老师讲课的知识密度和课程设置,可以把听课的时间按照三分之一到二分之一折算到这个时间里。

假如一天有 8 节课,每节课 45 分钟,一共是 360 分钟,也就是 6 个小时,那么折算成高质量、高强度的学习时间大约是 2 小时(按三分之一折算)到 3 小时(按二分之一折算)。在这种情况下，用 6 小时减去 2 小时或 3 小时，就是建议课后学习的最长时间。

很多学生每天的实际学习时间可能远远超过这个时间。我建议审视一下耗费的那些时间：是在全神贯注地高质量学习，还是在走神或放空大脑？如果没有在高质量地学习，那为什么不拿出专门的时间来休息，让学习时间更高效呢？

1.1.2 注意力极限：番茄工作法为什么有效

我有一次听到了女儿和她同学李爱哲之间的对话。

李爱哲说她每天晚上被密集的学习计划所占据。每天放学后，她都会坐在书房里学习到深夜。每天晚上刚开始的时候，她还可以做到聚精会神。可随着时间的推移，她开始感到疲惫，出现注意力涣散的情况。

她的眼睛会不由自主地朝窗外的夜空看去，天上的星星仿佛在对她眨眼。李爱哲尝试着摇头，让自己集中注意力，但坚持不了多久，她的思绪就又开始纷乱起来。她发现自己逐渐可以听到屋里闹钟的嘀嗒声，可以听到楼上邻居的踱步声，渐渐地，甚至仿佛可以听到楼下草地里蟋蟀的啾啾声。

书桌上闹钟的指针慢慢指向深夜，她的眼皮越来越沉。尽管如此，她依然坚持着，咬紧牙关，努力让自己的眼不要离开课本。但她的目光已经开始涣散，视线已经开始模糊，大脑仿佛已经满了，很难再装进东西。

她尝试写下想要记忆的知识，于是，在本子上抄了一遍又一遍。刚开始时，她写得还比较工整；但时间长了，她的笔记开始变得杂乱无章、字迹潦草，而且写的时候大脑早就已经停止思考，手只是无意识地在动，写到最后，自己都不知道在写什么。

李爱哲每天晚上都在重复这样的模式。长时间的学习使她精疲力竭，她开始意识到，过度的学习使她很难集中注意力，并且学习效率也不高。每当夜深人静，她都会感到一种无形的焦虑和压力，不知道如何是好。

我女儿之前也有过类似情况，如果哪天要学的知识特别多，就想集中突破，花大量时间学习，效果却适得其反。我意识到过度学习的问题不仅影响了李爱哲，也在悄然影响着我的女儿。于是，我决定与她们进行一次深入交谈。

一个周末，我让女儿邀请李爱哲来我家，希望能帮助她们正确认识学习时间投入的问题。我给她们讲了自己年轻时候的学习经历。其实我以前也犯过类似的错误。然后，我提出了一些具体建议。

1. 我建议她们使用番茄工作法，也就是集中学习 25 分钟后，伴随 5 分钟的短暂休息。这样不仅可以提高学习效率，还能保持精神饱满。

2. 我告诉她们，健康的身体是高效学习的基础。我建议她们必须保证足够的睡眠、合理的饮食和适量的运动。

3. 我鼓励她们培养兴趣爱好，以此来调节心情和压力。无论是阅读、画画还是运动，拥有一项爱好可以让她们在紧张的学习之余找到身心放松的出口。

4. 我建议她们学会自我反思。每天晚上睡觉前，花几分钟回想一天的学习过程，评估哪些方法有效、哪些需要改进。

女儿和李爱哲听完我的话后，决定试试。随后的几周里，我注意到女儿的学习状态有了明显的提升，她开始更加注重休息和效率的平衡。李爱哲有一天来感谢我，她说自己感觉精神状态更好了，学习效率也有所提高。

人的注意力是有限的。在人的注意力跨度和学习效率方面，心理学家已经进行了大量的研究。研究结果发现，多数成年人在没有中断的情况下，能持续集中注意力的时间上限大致为 90 分钟，绝大多数人在 30 分钟左右。未成年人注意力持续的时间更短，而且年龄越小，注意力持续的时间越短。

超过这个时间界限后，人们的认知资源会开始耗竭，导致注意力涣散和记忆效率降低。这时候如果再继续进行高强度的脑力劳动，如学习新知识、记忆信息或解决复杂问题，通常会导致效率大幅下降，甚至可能起到相反作用。

神经科学对这种现象的研究表明，长时间集中注意力会导致大脑中与认知控制相关的区域过度活动，这会消耗大脑中的化学物质如神经递质，使得保持注意力变得困难。此外，当我们长时间保持一种思维模式时，大脑的某些部分可能会"过热"，就像长时间运转的机器一样，需要适当的冷却时间来休整。

为了应对这种生理和心理上的限制，心理学家和时间管理专家提出了番茄工作法。这种方法将工作时间分为 25 分钟左右的集中时间段，之后跟随 5 分钟左右的短暂休息。这种工作节奏不仅符合人类的注意力周期，而且利用短暂的休息时间来重置注意力，有助于维持大脑化学物质的平衡，防止认知资源的过度消耗。

实践番茄工作法的人发现，这种方法可以提高学习质量。短暂的休息可以让大脑从高强度的认知活动中恢复，减少因疲劳而导致的错误。此外，这种节奏还能帮助人们更好地掌控时间和进度，提高时间管理能力。

1.1.3　生物钟效率：找准适合的学习时间

作为学生，你可能有过这样的情况：

早晨醒来后，元气满满，生龙活虎，感觉头脑特别清醒，吃过早饭后你开开心心地去上学。上午的前两节课，你还可以延续这种状态，但越到中午状态越差，最后一节课的时候，你发现自己的状态好像变了——注意力和记忆力都下降了。

吃完午饭，你的精神状态已经很不好了，很想休息，于是赶快睡一会儿午觉。奇怪的是，睡过午觉后虽然疲倦感消失了，但自己的元气并没有得以恢复，大脑的运转速度似乎也没有回到最佳状态。

这种情况可能会一直持续到下午3点。不知道为什么，在下午最后两节课的时候，你的精神状态又好了，你发现自己仿佛回到了上午时的感觉，思维也比中午时更活跃了。而晚上9点以后，你又回到了中午时的感觉。

学习过程中存在"黄金时段"，这是大脑处于最佳状态、能够最有效地处理和记忆信息的时间段。每个人的黄金时段可能不同，但通常是在精力最充沛的时候。利用这些时段进行学习，比长时间学习有更好的效果。高质量学习的目标应该是最大化这一窗口期内的学习成效。

我女儿的一个好朋友田雪，有一次兴奋地跟我女儿说她发现的一个秘密。

在一天当中，田雪有状态特别好的时候，也有状态特别不好的时候。不论是注意力还是记忆力，在一天里都有明显的起伏，像是有一个内置的生物钟在影响着她一天的状态。

在田雪的一天中，早晨是她精力最为充沛的时候。当早晨的阳光透过窗帘洒进她的房间时，她的心情就开始愉悦起来，头脑变得异常清醒，这时候如果打开一本书，她不仅读得快，而且记得牢，再难的知识仿佛都不是问题。

但到了下午，田雪开始感到疲倦和分心，而且会稍有烦躁。她发现自己难以集中注意力，目光经常在课本和笔记之间徘徊，心不在焉。她尝试猛地摇头让自己清醒，但思绪似乎被厚厚的迷雾所笼罩。在下午，她的学习效率明显下降。

吃过晚饭后，田雪的精神会有所恢复。她又感到精力充沛，好像重新找回了学习的动力。她能很快振作起来，头脑又能像早晨一样敏锐，能够比较好地吸收新知识和理解复杂的概念。

通过观察自己这种周期性的学习效率，田雪开始调整自己的学习计划。她利用早晨和晚上的高效时间来学习难度较大的科目。为了有效利用下午这个相对低效的时间段，她养成了午睡的习惯，而且除了听课就抓紧时间休息，不再过多学习。通过这种方式，田雪不仅提高了学习效率，也减少了压力，使自己的学习变得更加愉快和高效。

每个人都有属于自己的生物钟，这是一种人体的内部时钟机制，它控制着我们的睡眠周期、醒着时的警觉状态以及多种

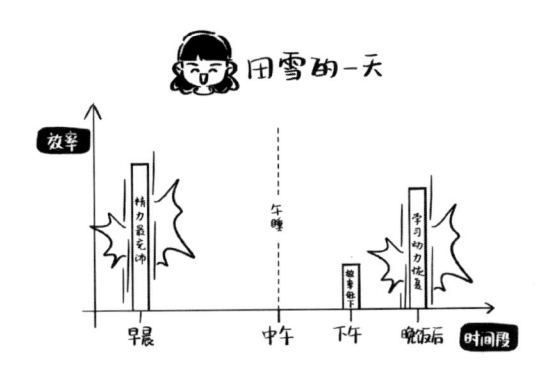

生理功能。

科学研究揭示了生物钟与学习效率之间的密切联系。例如，根据美国国立卫生研究院（National Institutes of Health，NIH）的研究，人的注意力、记忆力和认知能力在一天中的某些时段能达到顶峰。

这意味着，在这些高峰期进行学习，我们能更快地吸收信息、更有效地解决问题。相反，如果我们非要在低谷期学习，就算耗费更多的时间，也不一定能取得好的学习成果。

像前文案例中的田雪，她在一天中会经历两次波峰，生物钟效率的高峰期是早晨刚起床和晚饭后；会经历一次波谷，生物钟效率的低谷期是下午。那是不是每个人的生物钟效率都跟田雪一样呢？不是的。

不同的人有不同的生物节律，而且差异还可能比较大。比如人有"晨型人"与"夜型人"之分。晨型人倾向于早睡早起，他们在上午的效率最高。而夜型人喜欢晚睡晚起，越到晚上精力越充沛。当然，也有类似田雪这样一天中经历多次波峰或波谷的情况。

一个人如果能够在其精力最充沛的时间段进行学习，就更可能在短时间内吸收更多的知识，并且以更高的精确度记住这些知识。例如，晨型人可能会发现他们在早晨阅读或复习材料时更容易记住细节。相反，夜型人可能会发现他们在夜里思路更清晰。

人每天的波峰期会有多长呢？假如按照每天睡眠9个小时来算，剩下大约15个小时的清醒时间，多数人的波峰期、波谷期和中等期三者的总和时间是平均分布的。也就是说，人每天状态的高峰期大约是5个小时，低谷期大约也是5小时。

生物钟并非一成不变。实际上，它可能因多种因素的影响而发生变化：年龄的增长、生活习惯的改变、旅行带来的时差、季节变化等都可能导致生物钟的变化。

例如：青少年时期很多人习惯晚睡晚起，老年时期很多人习惯早睡早起；生活习惯的改变，比如频繁熬夜会对本来的生物钟产生影响，使其偏离正常；另外，到有时差的地区旅行可能需要倒时差，这是因为生物钟需要时间来适应新的时间区域；有的人可能会在冬天喜欢早睡早起，夏天则喜欢晚睡晚起。

对于学生而言，不稳定的生物钟可能会严重影响学习效率。生物钟的不规律会导致睡眠质量下降，这会直接影响到第二天的精神状态和认知效率。睡眠不足或睡眠质量差会导致注意力下降、记忆力减弱、思维速度变慢，从而降低学习效率。此外，生物钟失调还可能引起情绪波动，影响学习动力和学习时的情绪状态。

我们要利用生物钟实现高效学习，而不是忽视生物钟，或者对抗生物钟。要合理安排学习时间，在精力最充沛的时段学习那些比较难的知识，而在精力较差的时候学习简单的知识、复习或适度休息。

这就像是一艘船在海上航行。如果船长明智地选择在顺风顺潮时出发，船就能更加轻松地到达目的地。而如果非要迎着海浪或暴风雨，则将会艰难前行。这又像是园丁种植花草树木。园丁若按照植物的生长周期来养护，知道在何时播种、浇水和修剪，花草树木就会生长得更好。

除了生物钟对学习效率的影响外，情绪状态、环境因素、身体状况等都可能影响一天中不同时间段的学习效率。

情绪好的时候，学习效率通常较高；情绪低落或焦虑的时候，学习效率往往会降低。

嘈杂的、杂乱的或不舒适的环境会分散注意力，降低学习效率。相反，安静的、整洁的、舒适的学习环境有助于提高效率。

疲劳、饥饿或者健康状态也会影响学习效率。身体健康、精力充沛时，大脑更容易集中注意力和吸收新信息；焦虑、不安或身体不舒服时，学习效率往往不佳。

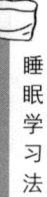

我们应通过观察自己一天中的精力高峰和低谷，来调整学习时间表，将最需要集中注意力的任务安排在自己的生物钟高峰期。同时，可以在效率不是很高的时间段进行轻松的复习或休息，以保持生活的平衡。

1.2 信息储存：记忆究竟是怎么回事

记忆是大脑存储和回忆信息的能力，这是一个复杂的认知过程，涉及多个脑区，且有不同的类型。从脑科学的角度来看，记忆信息和提取信息的过程可以分为三个主要阶段：编码、存储和回忆。

1.2.1 编码：大脑信息录入系统

我女儿加加在开始学历史的时候总是不得法。她会花费大量时间去重复阅读历史课本和做笔记，希望能够通过这种机械式的记忆来掌握日期、事件和人物。她付出了巨大的努力，成绩却并没有得到相应的提高。

她说考试的时候经常难以回忆起具体的历史知识，尤其是在做需要深入理解和分析的简答题的时候，她常常答不出来。她的记忆似乎只停留在表面，并没有真正理解历史事件的背景和意义。历史成绩提不上去导致她越来越不喜欢学历史。

死记硬背虽然在短期内可能有效，但对于需要理解和长期记忆的历史知识来说，并不是最有效的方法。我鼓励她尝试更多元化的学习方法，比如通过观看历史纪录片、参与学习小组或阅读与历史相关的小说，以更生动、更有趣的方式来学习历史。

她尝试了我说的这些方法后，学习效果果然有所改善。如今，她对历史事件的理解更深刻了，对历史的兴趣也更加浓厚了，历史成绩在班里名列前茅。

改变信息的感官输入方式，筛选和适度增加输入的信息，可以增强记忆，提高学习效果。我女儿原本只是通过阅读课本这种视觉化的感官输入方式，后来有了观看纪录片这种视觉和听觉的感官输入方式，之后又有了小组讨论这种集言语、听觉和视觉于一体的获取信息方式。这些通过不同感官通道接收到的信息更容易被她的大脑转换为神经信号。

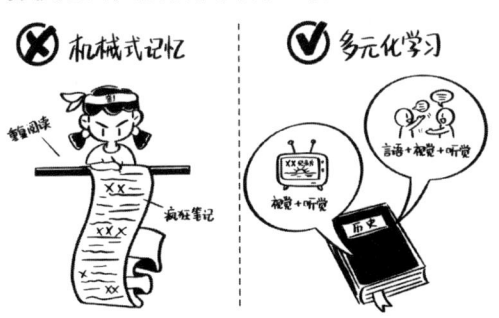

记忆形成的起点是编码（encoding），这就像大脑的信息录入系统。

当我们通过感官感受到信息时，无论是文字、声音、图像还是情感，大脑都会将这些原始信息转换成神经信号。这些神经信号通过不同的感官通道输入，如视觉皮层处理视觉信息、听觉皮层处理声音信息。

但关键的转换发生在大脑中的海马回（hippocampus）。海马回是大脑中一个弯曲的海马状结构，位于大脑丘脑和内侧颞叶之间，属于边缘系统的一部分。海马回对于记忆的编码过程至关重要，是将短时记忆（short-term memory，STM）编码成长时记忆（long-term memory，LTM）的枢纽。

在记忆编码的过程中，感官信息首先被转化为神经信号，这些信号在进入海马回之前在大脑的不同区域进行初步处理。例如，视觉信息在视觉皮层处理，听觉信息在听觉皮层处理。这些处理过的信息随后会被传送到海马回。

海马回通过与大脑其他区域的相互作用来筛选哪些信息是重要的，并需要被转化为长时记忆。它通过重复和关联来加强这些神经信号。重复出现的信号或那些与已经存在的记忆有关的信号更容易被海马回"捕捉"并进一步加工。

海马回中的神经元如何响应这些信号是一个复杂的过程。它们通过一种被称为长时程增强（long-term potentiation，LTP）的过程来强化突触连接。当两个神经元同时被激活时，它们之间的连接会变得更强，这使得信息更容易在将来被检索。

此外，海马回还参与情绪记忆的编码。它与大脑中处理情绪的部分，如杏仁核，紧密相连。情感强烈的事件更可能被编码成长时记忆，部分原因是海马回对情绪反应的敏感性。这就是为什么我们往往更容易记住那些情感充沛的经历。

海马回并不是记忆的永久储存之地。一旦信息被编码，海马回就会帮助将这些记忆分散存储到大脑皮层的其他区域。这意味着长时记忆实际上是分布在整个大脑中的，而海马回在这个过程中起到了关键的协调作用。

编码并非简单的信息复制，而是一个深度处理过程。这意味着，信息不是被动地记录下来，而是通过与个人已有的知识和经验相结合，被动态地整合。这一过程是深度加工，它包括对信息的语义（意义）加工，这有助于信息在大脑中形成更稳固、更容易检索的记忆痕迹。

学习时的联想就是一种深度加工。当你试图记住某个概念时，如果你能把它和你已知的事物联系起来，比如通过将其形象化或编故事，这个概念就更容易被编码进长时记忆。海马回会将这个新的神经连接"标记"为重要，并将其转移到大脑的其他部分进行长时存储。

记忆的编码阶段也与注意力密切相关。只有当我们专注于某个信息时，它才会被有效地编码。注意力分散会导致编码过程不完整，从而影响记忆的质量。这就是在充满干扰的环境中学习效率通常低下的原因。

在接下来的存储和回忆阶段,这些经过编码的信息将被保留,并在需要时检索。当然,也有可能被遗忘。

1.2.2 存储:从短时记忆到长时记忆

我女儿加加开始学地理的时候也学不好。她记忆地理知识的主要方式是对着地图背课本知识。这种记忆方法听起来好像有效,但她总是记得不牢。我建议她课后通过多次复习笔记、自己绘制地图和讲给我听来巩固知识,记忆效果果然很好。

后来,我让她在睡觉前复习,同时保证她有充足的睡眠时间。就算是在学习知识特别密集的时期,也要保证她睡好觉,但让她坚持在睡前复习。睡眠帮助她的大脑巩固了学习过程中获得的知识,促进了短时记忆转化为长时记忆。

我发现女儿对地理中的气候变化问题格外感兴趣,她每次给我讲的时候都手舞足蹈,讲得明显比别的知识点更好。"喜欢"这种强烈的情感反应促进了她对这部分知识的记忆存储,因而更容易被转化为长时记忆。

我建议女儿将地理知识与她已经知道的历史、物理、化学和生物知识联系在一起,这样能够形成自己的知识框架。我还会和她进行"模拟联合国活动"来增强地理知识的趣味性。为了玩好模拟游戏,我会和她一起查阅资料、观看相关的纪录片。

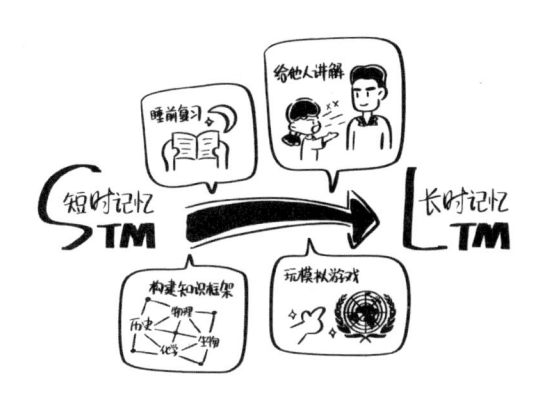

她的地理成绩果然越来越好。这些学习策略可以帮助她构建更加稳固的记忆网络，有效地存储和保留学过的地理知识。通过这些方法，她不仅能够更好地记住知识，还能在需要时从长时记忆中准确地将其提取出来。

存储（storage）是记忆的第二个关键步骤。在编码之后，信息需要在大脑中找到一个"保存"的地方，这就是存储过程。记忆的存储分为短时记忆和长时记忆，它们在大脑中的处理方式有所不同。

短时记忆通常持续几秒钟到几分钟，并且容量有限。它主要在前额叶进行处理，是我们正在考虑或操作的信息。比方说，你暂时记住了一个电话号码，然后拨打了这个号码，等电话打完再让你回忆这个号码时，你会发现自己已经忘了。这就是短时记忆。

与短时记忆相比，长时记忆的存储时间更长，容量被认为是无限的,最长的长时记忆可以持续一生。脑科学研究发现,长时记忆不只是在大脑的某一个区域中存储,而是涉及大脑皮层中的广泛区域。这些记忆可以包括我们的技能(如骑自行车)、生活经历、知识等。

长时记忆的形成和存储依赖于大脑内部的突触连接。当我们学习新信息时,神经元之间的连接会变得更强,这种现象被称为突触可塑性(synaptic plasticity)。突触可塑性是大脑适应经验变化的一种方式。

大脑接收的信息从短时记忆转化为长时记忆的过程被称为记忆巩固。

研究表明睡眠对记忆巩固至关重要。在睡眠期间,特别是在慢波睡眠阶段,大脑会重新激活人在清醒时学习的记忆路径。这种重新激活可帮助加深记忆痕迹,促进短时记忆向长时记忆的转化。睡眠质量好能够提高学习效果,而睡眠不足则不利于形成长时记忆。

情绪也会影响记忆的巩固。强烈的情绪体验,特别是那些引起压力反应的体验,能够增强记忆。这是因为应激激素(如皮质醇)能够增强大脑特定部位的活动,特别是影响海马回的功能。然而,过度的压力反应和慢性压力可能适得其反。

记忆的巩固还受到认知策略的影响。采用多种感官学习,比如通过视觉、听觉和动作进行学习,可以加深记忆的编码,使短时记忆更容易转化为长时记忆。此外,将新信息与既有知识相关联，通过构建记忆框架，也有助于记忆的长期保持。

不断重复也是加深记忆痕迹的一种有效方式，因为它提高了神经回路的激活频率，从而加强了突触连接。间隔性的重复，也就是在不同的时间多次复习材料，比集中在一个时间段上重复学习效果更好。这种分布式学习法有助于巩固记忆，因为它给大脑提供了整理和加工信息的时间。

在存储阶段，大脑会进行一系列的过滤和重构工作。并非所有经历的细节都会被存储下来，大脑会优先保存那些被认为重要或有意义的信息。这个选择性的存储机制有助于我们管理认知资源，确保重要信息能够被保存并在未来被检索。

记忆的存储并不是一次性的，而是一个动态的过程。记忆可以随着时间而变化，新信息的加入可以修改或加强旧的记忆，有时也可能导致记忆失真。这被称为记忆存储的可塑性和动态性，也是记忆研究领域一个重要且活跃的研究方向。

除了短时记忆和长时记忆外，记忆还可以分为陈述记忆（事实和信息）和非陈述记忆（技能和习惯）。陈述记忆又可以细分为语义记忆（事实知识）和情景记忆（个人经历）。非陈述记忆包括程序记忆（比如骑自行车的技能）和条件反射（比如经典的巴甫洛夫条件反射）。

1.2.3 回忆：触发信息提取的线索

能记得下来，能说得出来，和考试的时候能答得上来、答得准确无误之间还是有一段距离的。我女儿加加学历史的时候就是这样，她一开始发现自己记住了，也能说出个一二三，但实际做题的时候却答不上来或答得不全。

我认为这是因为她没有把自己放到考试的场景中，对题目不了解，当然也是缺乏必要的练习、对知识点掌握不充分导致的。这就像是学开车或者学游泳，理论掌握得再充分，也得练习一段时间才能学得会。

为此，我定期给女儿出题，让她多做一些模拟练习题。这些模拟练习题中的题目，就像是一个个触发器，激活了她对这些事件的相关记忆。这些线索可以帮助她定位并提取相关的历史信息。

当她多次尝试回忆关于这些题目的细节时，她大脑中与历史学习相关的网络被激活。她可以更容易地记起课堂讲解、阅读教材中的图片和自己做笔记时的场景。她说在记忆的时候，用故事和影像来记忆会更容易产生情感，知识更容易被回忆起来。

当她发现有些知识自己回忆不起来的时候，她会利用联想记忆，把自己已知的历史事件和人物关联进来，在大脑中构建起一个完整的历史知识体系。她说有些信息不是立刻就能回想起来的，需要集中精力，努力去"挖掘"她的记忆库。这种努力有时会带来更深层次的回忆。

回忆的过程不仅是从记忆库中提取信息，有时还包括记忆

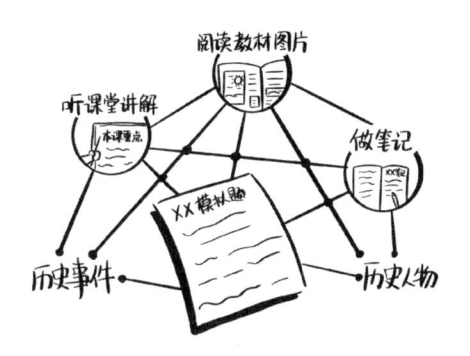

的重构。我女儿在回忆的过程中，有时会基于已有的信息和理解，重构一些历史细节，补充自己缺少的知识点。

回忆（recall）是记忆过程的第三个阶段，也是提取大脑信息的最后一个步骤。它涉及从大脑中访问和提取之前存储的信息。这个过程可以通过外部线索（如问题或物体）或内部线索（如思考相关话题）触发。

线索有助于触发回忆，因为它们能激活与存储记忆相关的神经网络。例如，闻到一种特定的味道可以让人回想起与之相关的记忆，小明闻到西红柿炒鸡蛋的香味就想起了小时候和妈妈在一起的时光。

为什么会这样呢？这是因为当记忆被编码和存储时，它们往往与人们特定的感官经验、情感或思想联系在一起。后来，这些感官经验、情感或思想可以作为线索或触发开关，帮助人们检索记忆。

为什么接收过相同的信息或经历过同一件事，有的人能很轻松地回忆起来，而有的人感觉自己明明记得却怎么也回忆不起来呢？这是因为回忆的效率不同。回忆的效率受到许多因素的影响。

1. 信息的编码和存储质量是影响回忆效率的决定性因素。当信息被初次接收时，它必须被编码成神经信号，然后存储在大脑的适当区域。深度处理，即意义深入的编码过程，如将新信息与已有知识链接，能够增加记忆痕迹的强度。这样编码的信息更容易被回忆起来，因为它们在大脑中形成了更强的神经连接。

2. 大脑的整体健康状况也会影响回忆。睡眠是大脑处理信息和巩固记忆的关键时段。睡眠不足或过度疲劳，会影响这个过程，使大脑难以有效地回忆信息。压力也可能干扰记忆的编码和回忆，这就是为什么有的同学考试时总是回忆不起来学过的知识。另外，大脑的健康问题可能会影响回忆。

3. 个人的情绪状态在回忆时同样扮演着重要角色。记忆往往与当时的情绪状态有关，这种现象被称为情绪一致性记忆（emotion congruent memory）。情绪可以作为触发记忆的线索，当个人处于与记忆形成时相似的情绪状态时，记忆更容易被触发。因此，一个人如果能够回忆起某个事件，而另一个人不能，可能是因为他们的当前情绪状态不同，或者他们在编码记忆时的情绪状态不同。

除了以上三种情况，还存在其他影响回忆的因素，例如注意力分散和多任务处理。如果在编码记忆时注意力不集中，或者试图同时做多件事情，信息可能不会被有效编码，从而影响以后的回忆。此外，如果回忆时有干扰，或者同时在处理很多事，也可能影响回忆效率。

回忆可以是显性的，也可以是隐性的。显性回忆涉及有意识的回忆，例如回忆昨天晚上吃了什么，回忆前天背过的课文。隐性回忆则是无意识的，例如骑自行车的技能不需要主动回忆就能应用。这两种回忆类型与大脑不同的区域有关。

回忆本身也是一种学习过程。每次我们回忆信息时，实际上都在重新巩固那个记忆。这意味着回忆的过程可以加强记忆，使其更持久。回忆过程也可能引发记忆的改变，这被称为记忆再构。每次我们回忆时，可能会在不知不觉中添加或省略信息，也可能会随着时间改变记忆的内容。

由于存在记忆再构的现象，记忆可能不总是完全可靠。法庭上目击证人的证词就是一个典型例子——证人的回忆可能会因为种种原因而改变。心理学家通过实验表明，即使是信心满满的回忆也可能不准确。

所以，我们在学习时，就算有些知识能记起来，也不要完全信任自己的回忆，还要通过课本或笔记验证一下，查看自己有没有记错。

记忆是一种活跃和可塑的大脑功能，不断地被我们的经验和当前的认知状态所塑造。而记忆中的回忆环节不仅仅是简单地"提取"存储的信息，还涉及对过去经验的动态再现和重新解释。

1.3　信息提取：遗忘为什么会发生

遗忘或记忆丧失，是人类记忆过程中一个普遍且自然的现象，是大脑优化处理资源的一种方式。通过忘记不重要或过时的信息，我们的大脑可以更高效地处理新的和相关的信息。常见的造成遗忘的原因有三种：信息抑制造成的记忆干扰、自然的记忆衰退和记忆信息检索失败。

1.3.1　信息抑制：倒摄干扰与前摄干扰

中学生王莉正在复习数学，她先复习了代数，学习了方程式和不等式的各种解法，之后又开始复习概率问题。她发现，相较于代数，自己更喜欢解概率题。概率知识学起来比较快，解概率题也比较轻松。

这时候，王莉忽然想起来有几个代数题忘了做，于是拿出练习册，但她发现自己在解代数题时遇到了困难，尤其是在需要回忆之前学过的代数公式和概念时，怎么也想不起来。她的脑海中不断出现解概率题的逻辑，这扰乱了她解代数题。

王莉先前学习的代数知识（旧信息）被她随后学习的统计学知识（新信息）干扰。尽管代数和统计学的知识内容和思考方式存在差异，但它们之间也有一些相似之处。新学的统计学知识在她大脑中占据了主导地位，从而影响了她回忆和应用之前的代数知识。

王莉的这种情况，叫倒摄干扰（retroactive interference），也叫倒摄抑制，指的是新的学习经历影响我们回忆先前记忆的信息。

例如，学习了一门语言（比如英语）后，如果立即开始学习另一门结构相似的语言（比如德语），新语言的规则和词汇可能会覆盖或混淆对原有语言的记忆。这是因为新的神经连接可能重新编辑了大脑中的记忆路径，使得旧的记忆更难以被检索。

中学生陈浩在学习线性代数时，感觉自己深入理解了矩阵运算和向量空间的概念，认为这块知识学得很扎实。紧接着又开始学习微积分，学习的重点是导数和积分的概念，但觉得微积分的学习总是不得法，找不着感觉。

他觉得自己好像没学会微积分，于是想做几道测试题验证一下。当遇到需要应用导数和积分的问题时，他发现自己不断回想起线性代数中的矩阵和向量的处理方法，即使这些方法在当前的微积分问题中并不适用。

显然，陈浩先前学习的线性代数知识（旧信息）干扰了他理解和应用微积分知识（新信息）的能力。他在处理微积分问题时，会不自觉地受到先前线性代数知识的影响，导致思维上的混淆和效率降低。

陈浩遇到的问题叫前摄干扰（proactive interference），也叫前摄抑制，是指先前的信息影响了新信息的记忆过程。在这种情况下，旧的知识和经验可能会与新的信息发生冲突，导致新信息更难以被编码和存储。

类似地，在学习新的数学公式时，先前学习的旧公式可能会让人混淆，使得对新公式的学习变得困难。记忆系统有时候可能会难以适应新的信息，特别是当这些新信息与已有记忆高度相关时。

遗忘产生的原因可能是前后记忆信息之间的抑制和干扰，比如倒摄干扰和前摄干扰。

这两种干扰都揭示了一个重要的认知特点：记忆系统并不是简单地累积信息，而是在不断地进行组织和重构。大脑必须在旧的记忆和新的信息之间找到某种平衡，有时候这种平衡会以牺牲旧的记忆为代价，有时候会以很难记住新的信息为代价。

从神经科学的角度看，遗忘可能与大脑神经网络的可塑性有关。神经元之间的连接是动态的，会根据经验和活动而改变。这种可塑性是学习和记忆的基础，但也意味着旧的连接可以被新的连接所替代。因此，当新的记忆形成时，它们可能会重写或削弱旧的记忆网络，这正是倒摄干扰和前摄干扰产生的原因。

怎么预防记忆信息的相互干扰呢？可以参考下面四种方式，如图 1-1 所示。

图 1-1　预防记忆信息相互干扰的四种方式

1. 分散学习

避免在短时间内学习大量相似的信息。学习不同类型的知识可以减少一项信息对另一项信息的干扰。例如，在学习一段时间的语文（文科类）后，可以学习一段时间的数学（理科类）。

也可以等彻底掌握了第一项信息后，再开始学习第二项相关信息，这样可以减少后者对前者的干扰。例如在学习并完全掌握了数学教材的第一章之后，再开始第二章的学习。

2. 间隔学习

如果必须学习相似的信息，可以增加学习的间隔时间，让大脑有更多时间来巩固每个信息项。例如，学习了 30 分钟数学后，接下来要学习物理。这时候最好不要马上接着学习，可以让大脑休息 10 分钟左右，再开始学习物理。

3. 巩固练习

巩固练习也是防止记忆干扰的有效策略，即通过重复旧信息来增强其在记忆中的地位。这种重复不是机械的重复，而是应该包含对旧信息的深入处理和理解，例如通过教授他人或将信息应用于新的情境中。

4. 改变环境

可以通过建立独特的学习环境和情境来提高记忆的独特性，从而减少记忆干扰。当信息与特定的环境或情境联系时，这些环境或情境的线索可以帮助大脑更好地编码和检索信息。例如，在客厅复习物理，在卧室复习数学。

另外，维持大脑的健康对预防记忆干扰至关重要。科学研究证明，健康的饮食、规律的运动和充足的睡眠能够改善认知功能和记忆力。睡眠尤其重要，因为它有助于记忆的巩固和整合，减少信息间的干扰。

通过上述策略，我们可以提高大脑处理和存储信息的效率，减少记忆过程中的干扰，从而有效预防信息干扰造成的遗忘。这些策略基于认知科学和神经科学的研究成果，提供了实用的方法来优化我们的学习和记忆过程。

1.3.2　记忆衰退：艾宾浩斯遗忘曲线

每个人都有自己比较擅长和比较不擅长的学科。化学对我女儿加加来说就是比较难学的。因为化学不仅有很多没有规律的化学元素要背下来，还有很多化学反应的原理要记忆。加加说她有时候明明记住了，但过不久就又忘了。

化学这块我熟啊！我决定采取一种系统的方式来帮助加加。

首先，我鼓励加加不要一味地背诵化学元素和反应，而是要尝试理解它们背后的基本原理。例如，通过学习元素周期表的排列规律，理解不同元素的性质和反应倾向。这样一来，加加在记忆元素时就不是单纯地记忆符号和名称，而是能够将它们放在一个更大的框架中去理解。

接着，我帮助加加制订了一个复习计划，采用间隔重复的方法。这种方法不仅能帮助加加巩固刚学过的知识，还能使她在遗忘之前及时复习，从而增强记忆。我用思维导图和知识卡片，与加加一起把复杂的化学反应简化成易于理解的图表和关键词，以便于记忆和回顾。

此外，我还带加加参加了一个校外的化学兴趣小组，让她有机会与其他对化学感兴趣的学生交流。在小组活动中，加加可以参与更多的小组讨论和实验活动，以更加直观和实践的方式理解化学知识。

随着时间的推移，加加在化学学习上取得了显著进步。她不再像以前那样感到化学是难以攻克的堡垒，反而开始对这门学科产生了兴趣，成绩也逐渐提高。

人类大脑中没有被重复使用或回忆的信息会随着时间的推移而逐渐被淡忘。

在神经科学领域，突触是神经元之间传递信号的结构，突触连接的强度代表着记忆的强度。当我们学习和记忆新的信息时，相关的神经元会形成新的突触连接或强化已有的突触连接，这个过程被称为突触可塑性。

如果通过复习或应用这些神经联系经常被激活，它们会变得更加稳固，记忆也会随之加强。这些联系如果不被定期使用，随着神经突触活动的减少，它们的强度会开始衰退，并最终被遗忘。

德国心理学家赫尔曼·艾宾浩斯（Hermann Ebbinghaus）是记忆研究的先驱之一，他在19世纪末进行了一系列系统的实验，探索记忆如何随时间变化。艾宾浩斯最著名的工作成果之一是遗忘曲线——描述了记忆随时间衰退的过程。

艾宾浩斯发现，遗忘的速度并非恒定的。刚学习过的信息很快就会被遗忘，遗忘速度在最初几小时内最快，然后逐渐放缓，反映出记忆随时间衰退的速度逐渐变慢，这造成了遗忘曲线呈现出指数下降的趋势。

艾宾浩斯遗忘曲线如图1-2所示。

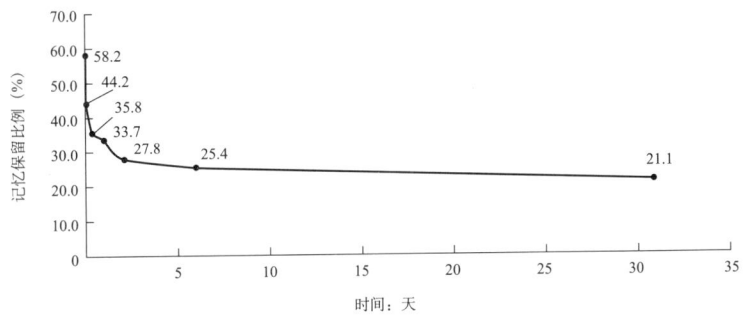

```
记忆保留比例(%)
70.0
60.0 ·58.2
50.0  44.2
40.0   35.8
30.0    33.7
        27.8  25.4                          21.1
20.0
10.0
   0    5    10   15   20   25   30   35
                  时间：天
```

图1-2 艾宾浩斯遗忘曲线

艾宾浩斯遗忘曲线表明，记忆的保持不是一个简单的线性过程。基于艾宾浩斯遗忘曲线，避免遗忘主要可以通过定期复习来实现。复习是巩固记忆的重要方式，能有效抵御遗忘曲线所描述的快速丧失新学习信息的趋势。

艾宾浩斯发现，通过定期间隔复习，记忆衰退可以显著减慢，从而能够更长时间地保持记忆。这种学习策略后来被称为"间隔复习法"或"分布式学习"。

记忆最初形成后的第一次复习应该在较短的时间内进行，这有助于将新的记忆固化在大脑中。之后，复习间隔可以逐渐增大。每次成功的回忆都可以增强记忆。每次回忆知识，与记忆相关的神经网络就会得到加强，记忆也会因此变得更加稳固。

此外，我们要注意对学习材料的理解深度。深层加工，即对学习内容进行深入的思考和内化，比起表层加工（如简单重复）能更好地促进长期记忆的形成。深度加工能促使我们将新信息与已有知识相结合，有助于在大脑中构建更加复杂和稳定的记忆网络。

学习的情境也对记忆的保持有重要影响。例如，将学习内容与个人经验联系起来，有助于提高记忆的保持率。

未被使用的神经联系会随着时间的推移而变弱，最终可能导致记忆衰退。记忆的维持和强化是一个动态的过程，需要持续的认知活动来维护。为了对抗记忆的自然衰退，定期复习和应用知识是至关重要的。

1.3.3 记忆信息检索失败：信息编码线索缺失

对于我女儿来说，语文古诗词背诵曾经是个老大难问题。尽管她平时花了不少时间在古诗词背诵上，但考试时好像很难记起来，导致这类题没少丢分。

她主要依靠重复阅读和死记硬背的方法记忆，没把诗句与具体的情境或情感状态联系起来。因此，在需要回忆这些诗句时，她缺乏有效的线索来触发记忆。

而且很多古诗词很相似，有时候她在短时间内背诵了大量相似的诗句，记忆之间会有相互干扰的情况。

例如李清照的《如梦令》（昨夜雨疏风骤，浓睡不消残酒。试问卷帘人，却道海棠依旧。知否，知否？应是绿肥红瘦。）和李煜的《相见欢》（无言独上西楼，月如钩。寂寞梧桐深院锁清秋。剪不断，理还乱，是离愁。别是一般滋味在心头。）这两首词都描写了离别的场景，表达了离别的情感。两首词的句子长短相同，结构相似，但内容不同。

我女儿在背李清照的《如梦令》时有时候会背成："昨夜雨疏风骤，月如钩。寂寞梧桐深院锁清秋。知否，知否？应是绿肥红瘦。"

后来我让她尝试将诗句与具体的情境、情感状态联系起来，以增加记忆线索。同时，让她在不同的环境中复习诗句，增强记忆的弹性。通过这些方法，她逐渐提高了记忆检索能力，在后续的考试中很少出问题。

遗忘的另一种原因可能是记忆检索失败，即记忆检索的过程出了问题。

很多人都经历过这种情况：我们在试图回忆某件事的时候，感觉它就在嘴边，似乎随时都能想起来，但就是记不清楚，讲不出来。这种情况说明记忆可能并非完全丢失，因为我们知道有一个目标记忆存在，但缺乏足够的线索来成功检索到它。

记忆的检索是一个复杂的过程，它不仅取决于记忆痕迹本身，还取决于检索时的线索。这些线索可以是感官的（如看到与记忆相关的物体）、情境的（如处于形成记忆时的同一环境）、情感的（如回到记忆形成时的情绪状态），也可以是认知的（如回想起与记忆的内容相关的其他信息）。如果这些线索缺失或不充分，记忆的检索可能会失败。

1. 记忆检索失败的原因与前面提到的记忆干扰可能存在一定关系，其他信息可能与目标记忆竞争，从而妨碍我们检索所需的信息。如果大脑中有太多相似的记忆，它们可能相互干扰，使检索变得困难。

2. 记忆的组织方式本身可能影响检索。记忆通常以网络的形式存储在大脑中，每个记忆点都与多个相关的点相连接。如果这个网络组织得不够好，或者某些连接因为某种原因弱化，那么记忆检索就可能失败。例如，一个事件可能包含许多细节，但大脑只与其中几个最突出的细节建立了强连接，这可能会导致对其他细节的检索失败。

3. 注意力分散也是造成记忆检索失败的一个重要因素。如果在编码记忆或尝试检索记忆时注意力不集中，我们可能无法访问原本可检索的信息。这在同一时间做多任务时表现得尤其明显，当大脑被迫在多个任务之间切换时，我们的记忆检索能力会受到影响。

4. 情绪状态对记忆检索也有显著影响。记忆往往与特定的情绪状态相关联。情绪一致性记忆表明，我们在与记忆形成时相似的情绪状态下更容易回忆起那些记忆。因此，如果我们当前的情绪状态与记忆形成时的情绪状态不匹配，记忆检索可能会失败。

5. 生物节律，如昼夜节律和体内时钟，也会影响记忆检索。科学研究表明，在某些特定的时段内，人们的记忆检索能力更强。如果试图在生物节律的低点检索记忆，人们发现检索很可能失败。

为了应对记忆检索失败，我们可以采用多种复习方法。

1. 利用多样化的线索来加强记忆。这一方法的科学依据来自我们对记忆编码和检索过程的理解。实验结果显示，记忆不是孤立存储的，而是与一系列的内部和外部线索相关联。

如果我们在学习阶段将信息与多种不同类型的线索联系起来，例如通过视觉、听觉和情境线索，我们就更可能在缺少某个特定线索的情况下成功检索到记忆。

2. 相关性训练，在缺少显著线索的条件下进行记忆检索练习，也被证明是一种有效的方法。这种训练可能涉及在干扰较多的环境中回忆信息，或者在没有明显提示的情况下尝试回忆。

这要求大脑从更深层次的网络中提取信息，强化记忆的检索路径。这种训练可以通过专门设计的记忆任务来完成，这些任务鼓励参与者在不同的情境中回忆信息，从而增加记忆检索的弹性。

3. 心理训练，如冥想和正念，可以通过提高个体的注意力来减少遗忘。正念和冥想鼓励人们将注意力集中于当下的体验，已被发现可以改善记忆的检索能力。这些训练通过减少分心和提高大脑对当前任务的聚焦程度，来提高记忆检索的成功率。

以上这些策略不仅能够提高记忆检索的成功率，而且能够提高记忆的整体质量。例如，通过多样化的复习方法，我们可以从不同角度加工和巩固同一信息，这可能导致大脑中更多的神经通路参与记忆的存储过程，从而提高记忆的稳固性。而正念和冥想等心理训练，通过减少认知负荷，使得大脑资源更集中，从而提高检索效率。

第 2 章

睡好学好：
睡眠保障与学业提升

睡眠质量影响着学习质量：要想学习好，就得保证有充足的睡眠。睡眠究竟有哪些好处？为什么睡好觉可以让自己学习好？如何消除睡眠障碍，保证睡眠质量，让自己收获一个优质的睡眠学习过程？

2.1 睡眠的秘密：大脑清理与信息巩固

睡眠是大脑进行自我维护和修复的关键时段。在白天的学习过程中，我们的大脑细胞会产生大量的代谢废物。如果不及时清理，这些废物会影响你第二天的思考和学习效率。睡眠期间，你的大脑会清除这些"思考的残渣"，从而保持清晰的思维。

2.1.1 该睡就睡：觉睡好了，成绩也好了

自从我知道了睡眠和劳逸结合的重要性，听说了身边很多孩子睡好觉后成绩更好了的事实，我就十分重视女儿的睡眠。

如果到了晚上 11 点，女儿告诉我她的作业没有写完或明天有考试还没有复习完，但她很困，想睡觉，我不仅会毫不犹豫地让她马上去睡觉，还会安慰她不要焦虑，安心入睡，一定要睡个好觉。

我们要学习，但更要高效地学习。在保证充足的睡眠面前，再紧急的学习任务也要让路。和保证每天的睡眠时间相比，一切所谓紧急的学习任务都不重要。

在路上，在校门口，我碰到过大量疲态尽显的学生。有所

了解后，其原因可以简单归结为家里面安排的学习太多了。我原本以为自己不会这样要求孩子。在我女儿上小学期间，她一直学有余力，活力四射。但是，等她上了中学，偶尔回家，也会有觉得疲倦的时候，一不注意，就躺在沙发上睡着了。

开始的时候，我百思不得其解，因为我上中学的时候，每天都精力充沛。踢球之后，偶尔我会觉得累，"哎呀，今天踢球时间太长了，累惨了。"但累归累，我似乎感受不到精疲力竭的疲倦感。

我是40岁以后才有那种疲惫的感觉，觉得精力已经跟不上自己想做的事。而下一代的营养比我们这代人好得多，身体也理应比我们好得多，而事实却好像并非如此。

后来经过仔细观察和研究，我发现原因大致有两点。

一是现在孩子的学习任务比我们当年繁重，课业更多了，也更难了。作息很紧凑，稍不注意，就有完不成的学习任务。如果昨天"加班"了，没有休息好，第二天从晨跑开始，身体就超负荷运转，很容易陷入恶性循环。

二是如今很多孩子不会休息，没有保证充足的睡眠时间、睡眠质量与劳逸结合的意识。家长和老师让学习，就拼命地把时间都用来看书，等有机会可以玩了，就玩得天昏地暗，影响了睡眠。

如今电子产品泛滥，孩子们又特别喜欢，如果不加以限制，很多孩子在假期里喜欢在睡前刷刷短视频、打打游戏。虽然这也是一种劳逸结合的方式，也有一定的休息效果，但就我家孩子的情况来说，使用电子产品确实影响了睡眠。

后来我把让孩子学会休息、好好睡觉、提高睡眠质量，作为最重要的事情，以帮助她调整生物钟和睡眠。为此，我和她做了两个约定：

一是睡前一个小时，我们都坚决不碰电子产品。电子产品屏幕发出来的蓝光会影响睡眠，让人难以入睡。我习惯睡觉前看书，所以让她也参考我的这个习惯，在睡前看书学习。

二是完成一天的工作学习后，我们会做短时间的、简单的运动。我推荐的运动是对着墙打 5 分钟乒乓球。因为这个运动会让你必须专注于乒乓球的跳动，大脑可以快速切换。然后才是洗漱、聊天、看书、入睡。

那段时间，除了保证女儿规律睡眠之外，我并没有再多做课业辅导方面的事，但意外的是，她的成绩提高了不少。如果不是知道睡眠学习法，我可能也不会想到睡好觉对学习竟有这么大的帮助。

2.1.2 清理重构：睡觉为什么这么重要

孙小杰是个很有潜力的学生，但由于缺乏适当的睡眠和休息，他的学习成绩开始下降。然而，小杰的父母坚信，只要足够努力，成绩自然就会提高。因此，他们鼓励小杰晚上回来要投入大量时间自学。

小杰晚上写完作业已经9点了，然后学习到凌晨2点。刚开始，小杰还能应付这种高强度的学习，但不久后，问题开始显现。

由于缺乏充足的睡眠，他在课堂上经常显得疲惫，注意力无法集中，而且小杰的专注力也开始下降，以前背过的知识很快就忘了。后来，小杰变得易怒和焦虑，对学习失去了热情，经常感到压力巨大。

我与小杰的父母进行了多次沟通，强调充足的睡眠对学生学习效率和心理健康的重要性。经过一番努力，他们终于意识到问题的严重性，并调整了小杰的学习计划，确保他每晚有足够的休息时间。随着睡眠质量的改善，小杰的学习效率逐渐提高，成绩也有所回升。

睡觉为什么那么重要？

人类在睡眠上需要花费几乎三分之一的生命时长，这足以说明睡眠的重要性。这种长期的、周期性的休息不仅是为了恢复体力，而且对心理健康和认知功能至关重要。

曾经有科学家尝试对小鼠进行睡眠剥夺实验。实验结果表明，长期的睡眠剥夺对小鼠的身心健康造成了严重影响。

在生理层面，这些小鼠表现出免疫系统功能下降，更容易感染疾病。小鼠们的新陈代谢受到了影响，导致体重减轻和食欲不振。此外，睡眠剥夺还导致小鼠认知能力的下降，特别是在学习和记忆方面表现不佳。

在神经系统层面，研究显示，睡眠剥夺使小鼠大脑中的神经元活动受到干扰，特别是与记忆和情绪调节相关的大脑区域。睡眠剥夺还导致小鼠大脑中的神经元损伤，这种损伤可能是由于慢性应激和代谢紊乱引起的。

此外，这些小鼠还出现了明显的行为问题，如焦虑、抑郁症状和社交能力下降。这表明睡眠不足不仅影响身体健康，还严重影响心理健康和社交能力。还有一些实验中的小鼠因为睡眠剥夺而死亡。

从小鼠的实验结果能够看出睡眠对哺乳动物，包括对人类的重要性。对大多数有睡眠需求的哺乳动物来说，睡眠是必不可少的。

大脑这个体积仅占成年人体重2%左右的器官，却消耗了人体大约20%的能量。这种高强度的能量消耗不仅支撑着我们的思考、决策和协调能力，也导致我们的大脑中产生了大量的代谢废物。

在醒着的时候，我们的大脑细胞工作繁忙——处理信息、响应刺激，同时还要应对随之产生的代谢副产品。这些副产品如果累积过多，就会影响神经细胞的通信功能，就像电路板上布满了灰尘。

在深度睡眠阶段，大脑会进行清洁工作。睡眠可以促进大脑中脑脊液的流动。这种液体就像大脑的清洁剂，它会冲刷掉积累的代谢废物。

在除去废物的同时，大脑还会在夜间进行神经通路的修复工作。一天的学习会使得某些神经通路变得特别活跃，而睡眠则会巩固和强化这些通路。想象一下，你在白天走过的小径，夜里有人在上面铺上了石板，第二天你走在上面就会顺畅无阻。

在这个过程中，大脑中突触连接的强度会根据经验和学习而改变。在睡眠时，与学习相关的突触会增强，这是记忆巩固的生理基础。换句话说，睡眠帮助我们的大脑有选择地保留重要信息，并且"删除"不必要的记忆，从而使得思考更为清晰。

2.1.3 记忆整理：睡觉帮我们记得更牢

哈佛大学医学院曾经在《现代生物学》杂志上发表过睡眠有助于提升记忆的报告。亚利桑那大学和纽约大学朗格尼医学中心也都曾经在《科学》杂志上发表过睡眠可以强化白天记忆效果的研究。

记忆是学习的基石。我们白天学习过的新知识和新技能，如果没有经过巩固，将如同在沙滩上建造城堡，很容易被时间的浪潮所侵蚀。而睡眠，尤其是深度睡眠，对于这一巩固过程至关重要。

　　在深度睡眠期间，大脑并非处于完全的休息状态，而是在进行一系列的整理活动。在这个时间段，大脑会进行记忆巩固。这时候的大脑就像是一个勤劳的图书管理员，在你睡着后，开始将白天临时放置的图书，也就是短时记忆，归档到图书馆的正确位置，也就是大脑的长时记忆区域。这样，当你需要这些信息时，能够更快地找到它们。

　　睡眠在某种程度上可以优化我们的认知能力和决策能力。睡眠不足会导致我们难以集中注意力，处理复杂的问题也不那么得心应手。良好的睡眠就像是给大脑一个全面的休息时间，让它从紧张的思考状态中解脱出来，使我们能以更加清醒的头脑来面对挑战。

　　未成年的学生处在大脑发育的关键期，良好的睡眠不仅对现阶段的学习有益，还对未来的大脑功能发展至关重要。在青少年时期，大脑的前额叶快速发育，这部分大脑区域负责处理复杂的认知任务，如规划、决策和控制。缺乏睡眠会严重阻碍这一进程。

　　睡眠与创造力有着紧密的联系。深度睡眠期间，大脑会对日间的经验进行重新编排和关联，这一点对解决问题和创新思维极为重要。换言之，一个好的想法往往在经过一夜的"睡眠孵化"之后，会变得更加成熟和完善。

当然，并不是所有记忆都需要被大脑保留。睡眠也有助于记忆淘汰，帮助大脑忘记那些不重要的或者过时的信息。这种智能选择确保我们的记忆库不会被无用信息占满，保持记忆系统的高效运转。

如果把大脑比作电脑的话，睡眠过程并不全是在做资料的拷贝，并不全是在增加内容，更准确的比喻是，睡眠更像是在做系统的升级和资料的整理。

除了有利于记忆外，睡眠还可以促进生长发育。

在青春期，生长激素的分泌增加，促进了骨骼的生长、肌肉力量的增长以及脂肪分布的调整。睡眠和生长激素分泌有着密切的关系。

在深度睡眠期间，尤其是睡眠的前几个小时，生长激素的分泌达到高峰。这是因为睡眠可以刺激下垂体释放生长激素，而缺乏睡眠或睡眠不足则会阻碍这一过程。

在更长的时间尺度上，生长激素对促进骨骼生长和身体发育至关重要。不仅如此，它还在维持基础代谢率、心血管系统的健康以及肌肉和骨骼的强健方面发挥着作用。这意味着睡眠不仅关系到青少年的身高和体型，更影响到他们整体的生理健康。

睡眠质量同样对生长激素分泌至关重要。频繁醒来或睡眠不深都会影响生长激素的正常分泌。因此，良好的睡眠环境和规律的睡眠习惯，对保证生长激素的正常分泌至关重要。

睡眠还可以促进免疫细胞的再生和修复。这些细胞是抵御感染的防线。在深度睡眠期间，身体能够减少分配到其他系统（比如肌肉和消化系统）的能量，从而将更多资源用于免疫细胞的生成和维护。这意味着，通过充足的睡眠，你的身体能够更有效地更新这些重要的防御细胞，保持免疫系统的活力。

睡眠可以调节身体的炎症反应。炎症是身体对伤害或感染的自然反应。但当炎症严重时，可能导致组织损伤并影响健康。睡眠可以帮助调节与炎症相关的细胞因子的水平，避免不必要的炎症反应，使身体的反应更加精准和有效。

睡眠可增强身体对压力的应对能力，而压力是已知的会削弱免疫反应的因素。通过减轻压力，睡眠能帮助保持免疫系统的稳定和效能，降低患压力相关性疾病的风险。一个强健的免疫系统意味着你将更少生病，从而减少因疾病导致学习中断的可能性。

更有意思的是，睡眠对情绪记忆的处理尤其重要。负面情绪和经历在睡眠中会得到某种程度的缓解，这意味着你白天遇到的挫折和困难，第二天回想起来时可能不会那么令人沮丧。

所以很多人常说的"遇到什么不开心的事，睡一觉就过去了"是有道理的。睡觉不是让人忘掉那些不开心的事，而是改变了自己对那些不开心的事的情绪反应。

总之，睡眠有助于身心健康，足够的睡眠可以帮助我们提高学习效率。

2.2 充足睡眠：无论如何睡个好觉

睡眠有助于学习，高质量的睡眠是拥有高效学习力的前提。睡眠如果不足，或没有睡好，会对学习和生活有什么影响呢？睡觉的过程都经历了什么？每天要睡多久才算睡够了呢？做梦和学习有什么关系呢？

2.2.1 睡眠不足会有什么影响

根据中国睡眠研究会官方网站的报道，睡眠不足可能对人体产生20种危害。把这20种危害总结归纳一下，大致可以分成三大类，具体如图2-1所示。

1. 学习能力降低

睡眠不足对大脑功能有显著的负面影响。由于睡眠对记忆巩固有重要作用，缺乏睡眠会严重影响学习能力和记忆力。睡得越少，越容易健忘，到老年的时候，患上认知障碍的风险也越大。

短时记忆是决定学习成效的关键因素之一。睡眠不足的人，

图 2-1 睡眠不足对人的三大类危害

其短时记忆能力会减弱，影响学习效果。良好的睡眠有助于加强神经连接，促进信息从短时记忆转化为长时记忆。而睡眠不足的学生往往会发现自己难以集中注意力，理解和记忆新知识的能力降低。

相较于有充足睡眠的人，睡眠不足的人做事更容易出错。研究发现，一晚不睡可能导致错误增加 20%～32%。睡眠不足的人做投资决策时，也极易导致经济损失。

睡眠不足会导致人们的反应迟缓、工作效率降低、错误增加。例如，司机如果睡眠不足，可能会增加发生交通事故的风险。在其他需要高度集中注意力和精准反应的职业中，睡眠不足也会增加出错的风险。

2. 情绪控制力差

睡眠不足对情绪控制的影响深远且复杂。缺乏充足的睡眠，不仅会导致人们情绪波动，还可能加剧心理压力。长期睡眠不足的人可能会感到焦虑、烦躁，甚至抑郁。这会影响人际关系和日常生活的各个方面，甚至影响心理健康。

脾气暴躁是睡眠不足导致的常见情绪问题之一。睡眠不足的人在处理日常压力时，更容易感到不耐烦和易怒。例如，家庭中的小问题可能被夸大，导致过激的情绪反应。以色列研究人员的发现表明，这种负面情绪在睡眠不足时会被放大。

除了脾气暴躁外，情绪低落也是睡眠不足的常见后果。长期睡眠不足的人可能会感到持续的悲伤或沮丧，这在一定程度上与丹尼尔·卡尼曼（Daniel Kahneman）的研究结果相符，即睡眠是影响人们情绪的关键因素之一。有研究证实，晚上睡眠质量好的人，情绪较为正面，反之则情绪不佳。

睡眠不足还会导致人们的社交技能降低。当人们疲劳时，他们可能发现自己难以有效地进行社交互动，例如，在对话中无法保持注意力或不能准确解读他人的情绪和社交信号。这可能导致社交误解和冲突，从而会进一步加剧情绪问题。

3. 影响身体健康

长时间睡眠不足，身体的免疫力会下降，人更容易得病。如果你经常因为被人传染而感冒，极有可能是睡眠不足惹的祸。研究显示，连续两星期每天睡眠不足 7 小时的人，感冒的风险是睡足 8 小时以上的人的 3 倍。

睡眠不足会影响人的视觉系统。睡眠时间越少越容易导致视觉偏差，出现视野窄、看不清、看东西模糊的情况，甚至有的人会因为睡眠不足而产生幻觉。

睡眠不足可能导致体重增加。睡眠不足的人，体内激素会失衡，食欲增加，想吃高热量食物，控制冲动行为的能力也会降低。这些因素可能导致体重快速增加。

关于头痛背后的原因，科学家至今仍无法找到，但研究发现，36%～58%的睡眠不足的人醒来时会出现头痛症状。

美国的研究发现，睡眠不足容易引起发炎性肠道疾病，患有克罗恩病（肠道疾病）的人，如果出现睡眠不足的情况，复发风险将比睡眠充足时高一倍。

有趣的是，睡眠不足的人会更害怕疼痛。多项研究显示，如果晚上没有睡够，人体对疼痛的敏感度会提高，对疼痛的忍受力会降低。睡眠充足时身体不会感觉到的疼痛，在睡眠不足时更容易被身体感知和察觉到。

睡眠不足会影响胰岛素的抵抗功能，加重Ⅱ型糖尿病。此外，也有研究发现，睡眠不足与罹患糖尿病具有一定的相关性。相较于睡足8小时的人，每天只睡4小时的人的血压会高出许多，而且睡眠不足的人更容易罹患心脏病。

睡眠不足可能导致患癌风险增加。关于睡眠与癌症之间的关联，目前的研究仍在初期阶段，不过就目前的结果来看，睡眠不足确实会增加患癌的风险，特别是大肠癌与乳癌。

长期睡眠不足的人，面临的最大问题就是猝死的风险明显增加。长期高强度工作或学习引发的猝死，在一定程度上可能与睡眠不足有关。

2.2.2 睡多久才算充足睡眠

多项吉尼斯世界纪录创造者、奥运冠军谷爱凌同时也是个学霸，她考上了斯坦福大学而且在大学期间成绩优异。

谷爱凌曾经在一次采访中说自己每天睡 10 个小时。有网友看到这条新闻打趣说："事业上没有人家优秀，学业上没有人家优秀，怎么连睡觉都比不过人家呢！"谷爱凌的妈妈也在接受采访时说，自己很关注谷爱凌的睡眠。

谷爱凌每天睡 10 个小时，适合所有人吗？人每天需要睡多久？睡眠的过程需要经历什么？睡多久才算充足的睡眠呢？

别急，我们一个一个地来解答这些问题，先说睡眠周期。

睡眠不仅是一种休息方式，还是一种复杂而必要的生理过程，对认知和学习效率有直接的影响。整个睡眠过程可以分成非快速眼动（non-rapid eye movement，NREM）睡眠和快速眼动（rapid eye movement，REM）睡眠两个部分。

根据斯坦福大学博士后讲师边文杰的描述，睡眠周期可分成 4 个阶段。

第 1 阶段：浅睡眠

这是入睡后的最初阶段，持续时间为 5～10 分钟。在这个阶段，身体开始放松，心跳和呼吸变慢，肌肉放松，但这时候因为睡得比较浅，很容易被外界因素唤醒。

第 2 阶段：浅睡眠加深

这个阶段会比第 1 阶段持续更长的时间，有 20 分钟左右。在这个阶段，身体会进一步放松，体温下降，心跳进一步减慢。

第 3 阶段：深睡眠（有的科普资料会把这个阶段细分成两个阶段）

在这个阶段，肌张力消失，肌肉充分松弛，感觉功能进一步降低，更不易被唤醒。这是非常重要的修复阶段，身体在这个阶段进行组织修复，增强免疫系统，构建骨骼和肌肉。这个阶段对于恢复精力至关重要。

第 4 阶段：快速眼动（REM）睡眠

这个阶段大脑活跃，是梦境发生的时段。REM 睡眠对于学习、记忆和情绪调节非常重要。过了这个阶段之后，大脑再次回到第 1 阶段，进入到下一个循环。

在 REM 睡眠期间，大脑会重放白天学习的内容，帮助巩固记忆。这个过程对于将短时记忆转化为长时记忆非常关键，特别是对于形成抽象概念、寻找解决问题的策略以及学习创造性思维来说至关重要。

这些睡眠周期并不是均匀分布的。随着时间的推移，NREM 睡眠的持续时间会缩短，而 REM 睡眠的持续时间会延长。这就是为什么人们通常在早晨醒来时更容易记得自己的梦，因为那时他们更可能处于 REM 睡眠阶段。

一个人每天睡多久才算有充足的睡眠呢？

充足的睡眠对于身体和心理健康至关重要，但"充足"的具体时长因人而异，受到年龄、生活方式和个人健康状况等多种因素的影响。一个完整的睡眠周期在 90～110 分钟，在一夜中，一个人通常会经历 4～6 个这样的睡眠周期。

对于多数成年人来说，每晚需要 7～9 小时的睡眠来保持最佳的健康和功能状态。然而，有些人可能需要更多或更少的睡眠时间。例如，一些人可能在睡了 6 小时后感到充满活力，而另一些人可能需要 10 小时的睡眠才能感到休息充分。

年龄是影响睡眠需求的一个重要因素。青少年通常需要更多的睡眠，每晚 8～10 小时，这是因为青少年处在成长和发育过程中，身体和大脑需要更多的休息和修复时间。儿童和婴儿的睡眠需求更高，可能需要更长的睡眠时间来支持他们快速成长和发展。

充足的睡眠并不能用固定的小时数来判断，而是一个时间范围，需要根据个人的具体情况来确定。除了睡眠时间外，睡眠质量也非常重要。保持良好的睡眠习惯，注意睡眠的质量和时长，是保持健康和活力的关键。

足够的睡眠能够帮助身体和大脑有效恢复。睡眠不足或睡眠周期被频繁打断都会对人的情绪、认知能力以及长期的健康产生负面影响。因此，维持规律的睡眠习惯和保证充足的睡眠时间对于维护身心健康非常重要。

2.2.3 梦境学习：做梦也可以巩固记忆

以前听过一种说法——梦多代表睡眠质量不好。实际上，如果只是梦多，没有其他明显的不适，并不能说明梦多代表睡眠质量不好。

梦境是大脑的夜间舞台，在快速眼动睡眠阶段产生。在这一时期，大脑的一些区域特别活跃，尤其是那些与情绪和记忆相关的区域。这不仅包括对白天经历事情的记忆整合，也涉及对情绪体验的处理。

在梦中，大脑似乎在"编排"白天吸收的信息，通过将这些信息置于不同的情境和背景之中来加深记忆痕迹。比如说，张同学白天学习物理定律，在夜里的梦境中白天的活动可能以一种新的形式出现——他可能会梦到一个物理实验室，其中的设备和实验过程与白天学到的内容相关联。

梦境通常被视为我们潜意识的映射，其中既包含白天的事件和感受，也包含对学习记忆的整合。举个例子，李同学可能在考试前夜梦到自己正在回答试卷上的问题，这可能反映了他对考试的紧张或重视程度，也是他的大脑在梦中对知识的重整和巩固。

梦境中经常会有强烈的情绪体验，这对于情感记忆的加工至关重要。例如，如果赵同学在学习中感到挫败，他的梦境中可能包含了克服困难的场景，这有助于他在醒来后以更积极的态度看待这些挑战。

梦境可以作为思维和认知的加速器。在梦中经历的事件，虽然有时显得荒谬和不符合逻辑，但这些经历在某种程度上可能会加深我们对知识的理解和记忆。梦境中的这种记忆重演能够强化神经回路，就像是在大脑中进行了又一次的"练习"。

此外，梦境常常被视为直觉的源泉。当我们在学习过程中遇到障碍，梦境提供了一个可以安全地探索各种解决方案的平台。我们可能会在梦中以一种更加本能的方式来解决问题，而这种方式在清醒状态下则可能会被忽视。

印度著名数学家斯里尼瓦瑟·拉马努金（Srinivasa Ramanujan）在无穷级数、数论和连分数等领域有非凡的贡献，他提出了许多著名的数学公式和猜想，对后世的数学家产生了深远影响。拉马努金没有受过正规的高等教育，他说自己的许多数学发现是通过梦境得来的。

据说丹麦物理学家、诺贝尔物理学奖获得者尼尔斯·玻尔（Niels Bohr）在梦中产生了构建原子模型的灵感。他梦见原子像太阳系一样，有电子绕着核旋转。这个梦境帮助他在1913年提出了著名的玻尔模型。该模型是量子物理学的基石之一。

德国化学家奥古斯特·凯库勒（August Kekulé）说他在1865年梦见过一条蛇咬住了自己的尾巴，这启发他提出了苯环的六碳环结构。这个发现是有机化学的重大突破，对现代化学产生了深远影响。

在梦境中，我们可能会发现自己能够解决白天未解决的问

梦境是直觉的源泉

斯里尼瓦瑟·拉马努金　尼尔斯·玻尔　奥古斯特·凯库勒

题。这是因为梦境中的思维不受常规逻辑限制，潜意识可以自由地探索各种可能性。当醒来时，我们可能会发现自己对某个学习点有了新的理解，甚至可能会找到一个创造性的解决方案。

如何利用梦境来学习和记忆呢？可以参照四个步骤，如图2-2所示。

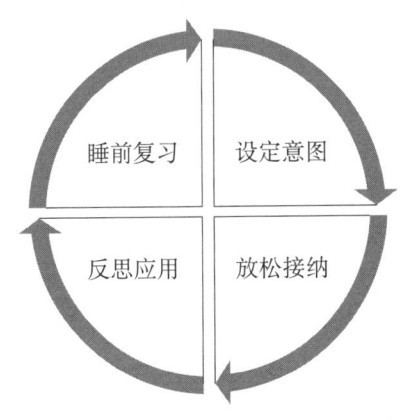

图2-2 利用梦境学习和记忆的四个步骤

（睡前复习　设定意图　放松接纳　反思应用）

1. 睡前复习

睡觉前对当天的学习内容进行简要复习，可以提高该信息在梦中出现的概率。可以在就寝前花几分钟思考你希望在梦中处理或加强的特定学习内容，这样可以增加梦到这些信息的可能性。

2. 设定意图

睡前设定一个意图或目标，如"我希望在梦中更好地理解化学方程式"，这种意图可能会引导梦境内容的发展。睡前进行针对性的冥想，聚焦在想要加强记忆的信息上，可以帮助潜意识在梦中处理这些信息。

3. 放松接纳

梦境可能是不受控的，不要对梦境有过分的期待，不要总想着要控制梦境。我们应该通过放松的方式接纳即将来临的梦境，而不是试图对其进行控制，这样反而可能会增加在梦中产生创造性见解的机会。

4. 反思应用

如果梦中真的出现了自己想要学习的内容或有待解决的问题，醒后可以反思梦境内容，并尝试将梦中的直觉或解决策略应用到实际问题中。如果你发现梦经常可以帮到自己，可以尝试记录自己的梦。

需要注意的是，梦境对学习的促进作用只是一种假说，而且这种假说并不一定适合所有人。如果这种方法恰巧对你有用，这当然好，但如果你做的梦总是天南海北不受控制，或者你不常做梦，又或者你记不住自己做过的梦，那也没有关系。既不必硬去追求，也不必惋惜自己用不了这种方法，你只需要保证自己有足够的睡眠，睡个好觉。

2.3　保障睡眠：睡不好觉怎么办

既然高质量的睡眠对学习如此重要，那如何保障自己有高质量的睡眠呢？究竟什么样的睡眠属于高质量的睡眠？如果学业的压力和焦虑影响睡眠，该怎么办？如何养成规律的睡眠习惯，保障自己获得高质量的睡眠？

2.3.1　守护睡眠：高质量的睡眠需要什么

不少人觉得，睡得时间充足就代表觉睡好了。实际上，睡眠时间并不是判断睡眠质量的唯一标准。人有短睡眠型和长睡眠型之分。

短睡眠型的人比相同年龄的人需要的睡眠时间更短。一般来说，平均每天睡眠时间少于 6 个小时的人，都可以算短睡眠型的人。有的短睡眠型的人，可能一天只需要睡 5 个小时，醒来后就可以精神抖擞，且没有任何不适。

短睡眠型的人和失眠者是不同的。失眠者是想睡或者需要睡但睡不着，而短睡眠型的人是不想睡，或者更确切地说，是不需要睡。失眠对健康是不利的，而短睡眠型的人虽长期处在短睡眠时间的状态下，但不会影响健康。

既然有短睡眠型的人，当然就会有长睡眠型的人。长睡眠型的人是指那些比同一年龄的其他人需要更长睡眠时间的人。一般平均每天需要9个小时以上睡眠时间的人，都算是长睡眠型的人。看起来，谷爱凌就是长睡眠型的人。

需要注意的是，这里说的长睡眠型的人的睡眠时间是日常情况下每天的平均睡眠时间，有些特殊状况造成某一天、某几天或较短周期内的长时间睡眠不算。例如，某人因连续熬夜的补觉，或因生病而睡觉时间增多。

还有人觉得，人类的作息规律应该和太阳的起落规律相同，只有坚持早睡早起作息的习惯，才能有高质量的睡眠。实际上，不同人的作息也是不同的。通常分成四类，分别是早睡早起型、早睡晚起型、晚睡早起型和晚睡晚起型。

多数人属于早睡早起型的人。这类人一般适合在夜里10点左右睡觉，早上6点左右起床，睡眠时间大约在8小时。

早睡晚起型的人，一般适合在夜里10点左右睡觉，早上7点以后起床，睡眠时间在9小时以上，属于长睡眠型的人。

晚睡早起型的人，一般适合在夜里12点左右睡觉，早上6点以前起床，睡眠时间在6小时以内，属于短睡眠型的人。但是，这类人上午的精力可能会比较差，午后至晚餐后精神状态逐渐好转。

晚睡晚起型的人，一般适合在夜里 12 点以后睡觉，早上 9 点以后起床，每天的睡眠时间超过 9 小时，属于长睡眠型的人。这种类型的人通常被称为"夜猫子"，往往在晚上会比较兴奋，如果睡得时间少，或者不在自己习惯的时间内睡觉，会出现睡眠不足的感觉，可能整个上午都感到头脑不清楚、精力不充沛。

明白了不同的睡眠类型后，再确定一下判断睡眠质量的标准。要判断睡眠质量，可以参考中国睡眠研究会官方网站提供的六个标准。

（1）入睡快，可以在 10～20 分钟左右入睡。

（2）睡眠深，睡觉过程中不容易惊醒。

（3）没有起夜或很少起夜，没有惊梦的现象，醒来后很快忘记梦境。

（4）醒来后起床比较快，早晨起床后精神好。

（5）白天头脑清醒，工作效率高，没有困倦感。

（6）醒来后感到周身舒适，没有疲劳和无力的感觉。

全部符合以上六个标准，代表睡眠质量好。若这六个标准中有任何一个不符合，就代表在一定程度上睡眠质量较差。

睡眠健康的标准不是睡得越多越好，而是要有好的睡眠质量。一个短睡眠型的人，就算每天睡眠时间不足 6 小时，但白天没有什么不适，说明其睡眠质量好；一个长睡眠型的人，如果每天睡眠时间已经达到 8 小时，白天出现明显的不适，也不能说明其睡眠质量好。睡眠的好坏应该以睡眠后是否消除了疲劳、精力是否充沛来评判。

需要注意的是，虽然失眠是一种睡眠障碍，不利于人的身心健康，但过度睡眠对人体也是有危害的。过度睡眠可能造成生物钟紊乱，并可能引发各类睡眠类疾病、神经科疾病、精神科疾病或躯体疾病。

睡眠时间和睡眠方式没有统一的标准，适合的就是最好的。良好的睡眠应该是睡得"刚刚好"，睡多了不行，睡少了也不行。要保证睡眠质量，就要根据高质量睡眠的标准，结合自身的睡眠经验，确定适合自己的睡眠方式。

2.3.2 正念减压：学业焦虑下应保持冷静

压力、焦虑等负面情绪会影响睡眠。每个人在不同阶段，或多或少都会有来自外部的压力。学习压力本身是一种普遍且自然的现象。但学习压力的影响并不总是负面的。

学习压力是个人成长和自我提升的催化剂。适度的压力可以促进我们的成长，提升我们的学习动力，激发我们克服困难和应对挑战的能力。学习压力可以被转化为一种积极的力量，帮助我们在学业和个人成长的道路上取得成功。

然而，过度的学习压力是有害的，它可能导致焦虑、失眠甚至厌学。我们要学会区分何时、何种状态下的压力是激励自己向前的动力，何时、何种状态下的压力是成长的障碍。这种辨识能力也是我们成长的重要部分。

实际上，生活中处处都有压力。对处于学习阶段的学生来说，除了有学业、考试的压力，还可能有竞争的压力、人际关系的压力、未来规划的压力等。我们要学习并找到一些为自己减压的方法，让生活更加轻松、美好。

根据中国睡眠研究会官方网站的建议，要减轻压力，可以运用三个小技巧，如图2-3所示。

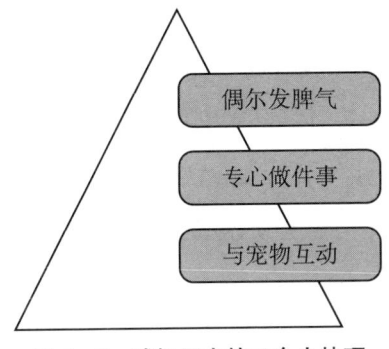

图2-3 减轻压力的三个小技巧

1. 偶尔发脾气

发脾气通常被人们视为一种不利于健康的、有失风度且缺乏教养的行为。然而，一项发表在《生物精神病学》杂志上的研究提出了不同的观点。这项研究指出，适当地发泄怒气会对减轻压力带来积极影响。当人们发泄自己的愤怒时，可以有效减少压力对身心健康的负面影响。

此外，研究还发现，愤怒的表达可以降低大脑释放的皮质醇的水平。皮质醇是一种应激激素，与许多健康问题如肥胖症、骨质疏松症和心脏病有密切关联。因此，通过合理地释放怒气，不仅可以减轻心理压力，还能对身体健康产生积极的影响。

然而，重要的是要注意发泄愤怒的方式。不是所有的发泄方式都是健康或适当的。要找到一种安全、不伤害自己或他人的方式来表达愤怒。例如，可以选择通过运动、写日记、与信任的朋友或家人谈话来发泄自己的愤怒。

此外，理解和识别愤怒背后的原因也同样重要。有时候，愤怒可能是深层情感问题或未解决的心理冲突的外在表现。找到自己愤怒的原因，可以有效地管理愤怒。

2. 专心做件事

罗斯福大学压力研究所所长乔纳森·C. 史密斯博士指出，专心致志地从事一些重复性活动是减轻压力的有效方法，比如游泳、绘画、慢跑、散步、做手工和织毛衣等。

这些活动之所以能够缓解压力，主要是因为它们能够促使人们集中注意力，从而暂时脱离日常生活带来的忧虑和压力。

人们专注于这类活动时，通常会进入一种被称为"心流"的心理状态。在这种状态下，个体完全沉浸在当前的活动中，忘记了时间的流逝，从而产生一种精神上的放松和满足感。

例如，当一个人在绘画时，他可能会完全沉浸在色彩的搭配中，暂时忘记了工作上的烦恼或个人的忧虑。散步或慢跑时，人们往往会自然而然地调整呼吸，专注于运动的节奏或周围的环境，这种单一的注意力聚焦有助于清空杂念，实现心灵的平静。

可以去了解和尝试别人减压的方法，但不必和别人采取相同的减压方法；适合自己的才是最好的，选择什么样的活动取决于个人的兴趣、偏好和习惯。

有的人可能发现在安静的环境下绘画能带来最大的放松感，而另一些人可能发现户外运动不仅能使自己在新鲜空气中放松身体，同时也能让心灵得到休息。

3. 与宠物互动

来自加州大学圣芭芭拉分校的心理学家詹姆斯·J. 布拉斯科维奇教授提出了一个有趣的观点，即宠物的陪伴对于缓解坏情绪有着比亲人支持更显著的效果。

人们传统上普遍认为亲人的支持是对抗压力和坏情绪的最佳方式。然而，布拉斯科维奇教授的研究表明，宠物的陪伴能提供一种更为深刻和直接的情感支持。

宠物因其无条件的爱和忠诚，成为人类的重要情感支持伙伴。它们的存在可以给人一种安全感，尤其是人们感到孤独或心情低落的时候。

例如，对于经历了繁忙而压抑的一天的人，回家与宠物的互动可以立刻给他带来放松和舒适感，这种感觉有时比与人类亲友的互动更加直接和纯粹。

此外，宠物的陪伴还能减轻焦虑和抑郁症状。很多时候，宠物能够感知到主人的情绪变化，并通过亲近行为来提供支持。这种非言语的交流方式，比如宠物的依偎或是它们那无辜的眼神，往往能直接触动人的心灵。

当然，与宠物互动这种减压方式同样不适合所有人。如果你不喜欢宠物或对宠物毛过敏，可以不选择这种减压方式。如果你的家人反对饲养宠物，也没必要为此说服家人养宠物，毕竟减压的方式有很多，并不是只有这一种。

如果你有宠物，也要注意不要把自己的时间过多用在宠物身上，毕竟作为学生，你有自己需要付出时间并为之努力的学业。若因为饲养宠物影响了自己的学业，那就得不偿失了。

除了上述三种减压方法之外，睡眠本身就有助于缓解压力、调节情绪。如果你发现当前的压力还没有影响到自己入睡，可以先试着睡下。有时候，就是因为没好好睡觉，让自己感到压力大，然后因为感到压力大，又睡不着。要打破这个恶性循环，让自己放松身心好好睡一觉就好了。

2.3.3 规律作息：这样做能保障睡眠质量

睡眠对于青少年的生长发育、学习和情绪稳定至关重要，但很多学生因为学习压力、生活环境和个人习惯，很难保证比较高的睡眠质量。遇到这种情况怎么办呢？

为了达到充分睡眠的目标，我们需要建立一个规律的睡眠作息时间表，也就是每天在相同的时间上床睡觉，在相同的时间起床，即使是周末，也应该如此。

生物钟调节着我们的睡眠和清醒状态。青少年的生物钟会因为荷尔蒙的变化而自然地向后推移，这导致处在这个年龄段的学生倾向于晚睡晚起。然而，这与上学时的作息时间常常不一致，导致睡眠时间不足。

设定一个固定的睡眠时间表，可以帮助我们的身体适应并保持一个稳定的生物钟，从而改善睡眠质量。

例如，睡眠时间表可以是这样的：

晚上9:00：开始准备睡觉。关闭所有电子设备，避免蓝光影响睡眠质量。准备实施睡眠学习法需要的所有资料。阅读或做一些轻松的活动，帮助身体放松。

晚上9:30：晚间洗漱。

晚上9:50：实施睡眠学习法，全身心地学习。

晚上10:00：关灯，准备入睡。

早晨6:00：起床，保证8小时睡眠时间，醒来后立即实施睡眠学习法的复习环节。

早晨6:10：早间洗漱。

很多人有晚上睡觉前使用电子设备的习惯，这种习惯会对睡眠产生非常负面的影响。电子屏幕发出的蓝光能够抑制褪黑素的产生。褪黑素是人体内的一种激素，通常在晚上天黑后由松果体分泌，起着调节睡眠周期的作用。

接触强烈蓝光会显著延迟褪黑素的产生，从而推迟睡眠时间并可能导致睡眠质量下降。因此，建议至少在睡前1小时关闭所有电子产品，以减少对褪黑素分泌的干扰，帮助身体准备进入睡眠状态。

睡前的放松活动对于改善睡眠质量具有显著作用。不看电子设备，我们可以找一些替代的放松活动，如阅读纸质书或听柔和的音乐，这有助于减轻心理和生理压力，促进大脑从日间的注意和认知过程中解脱出来。

睡前阅读可以降低压力水平，这与通过呼吸和放松练习达到的效果相似。音乐也有其益处。一些研究发现，听柔和的音乐可以降低心率和血压，而这些都是准备进入深层睡眠的身体信号。

环境因素（如光线、噪声水平和房间温度）都对睡眠有显著影响。

使用遮光窗帘可以减少进入室内的光线，为深度睡眠创造条件。如果你对光线特别敏感，或者家里不具备适宜睡眠的光线条件，又或者你需要在白天睡眠（例如睡午觉），可以尝试使用睡眠眼罩。

持续的或高强度的噪声不仅会打断睡眠，还可能导致睡眠浅化，减少深度睡眠的时间。即使在不醒来的情况下，噪声也会导致睡眠质量下降。使用耳塞可以帮助人们屏蔽环境噪声，提高睡眠的连续性和深度。

太热或太冷的环境都会影响人们进入和维持深度睡眠。如果有条件的话，将室内温度调节在一个自己感到舒适或习惯的范围，一般来说是22摄氏度左右。

定期的体育活动可以帮助我们在夜间更快入睡，并提高睡眠的质量。规律的体育活动有助于调整人体的生物钟，确保身体在晚上准备好进入休息状态。例如，定期参与中等强度的运动，如快步走、游泳或骑自行车，可以显著提高睡眠效率。

需要注意的是，晚上进行高强度运动可能会产生副作用，因为剧烈的身体活动会使心率和体温升高，这可能导致大脑和身体过于兴奋，从而使得放松和进入睡眠状态变得更加困难。睡前的高强度运动会延迟褪黑素的产生，进而推迟睡眠开始的时间。

为了让运动对睡眠产生积极影响，我们可以在晚上早些时候（至少睡前1小时）进行体育活动，以便在睡前有足够的时间进行身体和心理状态的冷却。这种方式可以使运动带来的好处最大化，同时避免睡前可能出现的兴奋状态，确保我们能够享有一夜舒适、深沉的睡眠。

总之，养成好的作息习惯，创建适宜的睡眠环境，保持适当的运动方式，可以显著提高我们的睡眠质量，从而让我们的学习更出色。

第 3 章

轻松学习：睡眠学习法这样实施

我认识一个学霸，他平时没少把时间耗在休闲娱乐上，但他每天睡前看书复习，到了睡觉时间就安心睡觉，第二天早晨起来再复习一遍昨天睡前所看的知识。就这样一个简单的好习惯，让他的成绩名列前茅。这正是睡眠学习法的基本步骤。那具体如何实施呢？

3.1 集中学习：睡前 10 分钟好好学

睡眠学习法分为睡前的集中学习时间和醒来后的复习回顾时间两部分。睡前的集中学习时间应该如何利用呢？睡前需要做哪些准备？哪些知识适合睡前 10 分钟学习呢？学习的时候要注意什么呢？

3.1.1 善事利器：睡眠学习的五个道具

我建议在实施睡眠学习法时需要在床边准备五个道具，分别是床头灯、笔记本、铅笔、录音笔和知识卡片，如图 3-1 所示。

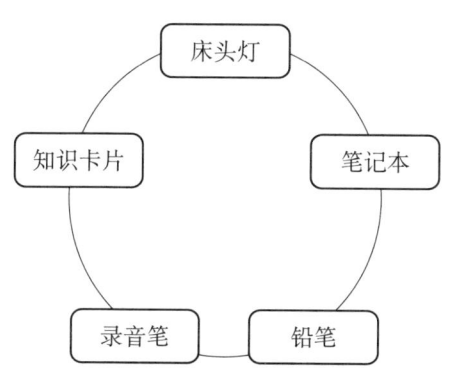

图 3-1 实施睡眠学习法要准备的五个道具

1. 床头灯

学习或阅读材料时，适宜的光线对于减少眼睛疲劳至关重要。过亮或过暗的灯光会让眼睛不舒服，影响学习效率。柔和的灯光有助于营造一个温馨、宁静的学习环境。这种环境不仅有利于集中注意力，而且有助于放松身心，为睡眠做准备。

强烈的光线会干扰身体的生物钟，影响睡眠质量。合适的床头灯照明能够保持身体对夜晚的自然反应，有助于身体更好地进入睡眠状态。最好选那种可调节亮度的床头灯，这样可以根据需要调整光线。

建议用暖色调的 LED 灯泡，因为 LED 灯泡的光线更均匀、更柔和、更节能，另外，暖色调的光线比冷色调的光线更有利于放松。不要使用高蓝光的灯泡，因为蓝光可能会干扰睡眠。

床头灯要放置在不会直接照射到眼睛的位置。理想情况下，灯光应该足够照亮阅读材料，但又不能直接照到眼睛。在学习时，应将灯光调整至柔和但足以清晰阅读的亮度。避免使用过亮的灯光，以免刺激眼睛或干扰睡眠。

2. 笔记本

可以在床边放两类笔记本：一类笔记本是记过笔记的，适合在睡前看；另一类笔记本是空白的，可以在醒来时记录一些自己的感想。同时，也可以放一类虽然已经记了笔记，但留有空白的笔记本。

印度著名的数学天才斯里尼瓦瑟·拉马努金就有在床边放置笔记本的习惯。夜深人静，当灵感来临时，拉马努金会迅速醒来，将他的思考和公式记录在笔记本上。这些笔记中藏着他对数学的无数突破性的贡献，包括他在数论、无穷级数和连分数方面的开创性工作。

除了拉马努金，历史上其他名人也有过睡觉醒来后有惊人发现的经历。例如德米特里·门捷列夫，他在梦中看到了元素周期表的基本形式，醒来后，他迅速将这个构想画了出来。这最终成为现代化学的基石。

我们在睡觉醒来的时候，如果忽然想到了某个重要的概念或解题思路，此时身边如果没有一个笔记本可以供我们记录，很可能等完全清醒之后就忘了。如果趁着还有记忆的时候将想到的内容立即记录在笔记本上，哪怕在记录的时候头脑还没有完全清醒，也可以帮助我们整理思路和处理那些悬而未决的问题。

3. 铅笔

有了笔记本就要有笔，不然的话拿什么书写记录呢？放在床边的笔建议选择铅笔。因为铅笔写下的内容可以擦掉，如果我们躺着的时候字写得比较难看，或者醒来后为了快速记录自己的灵感而写得龙飞凤舞，都可以在事后整理的时候再做修改。

不仅是醒来后，睡前阅读时也可以边读边用铅笔做标记。

这可以帮助我们理解记忆，把笔记本变成一个个性化的学习工具。因为铅笔书写的内容可以被橡皮擦掉，就算睡前在床上写得不如在书桌前写得工整，或者忽然看到某个重点想要做标记，事后又觉得不对时，用铅笔书写可以为自己留下修改的空间。

如果使用传统的铅笔，记得一定要提前削好，免得灵感来了的时候发现铅笔写不出来，也可以选择使用那种不需要削的自动铅笔。

4. 录音笔

在床边放录音笔，原因在于：一是有些灵感来得太快，内容太多，不适合记录，这时候可以用录音笔记录；二是因为有的同学更喜欢用声音来记录信息。通过说话来记录不仅可以保存客观信息，而且可以保存当时的情绪信息。对于习惯用声音来记录信息的人来说，录音笔记录信息的效率会更高。

对于听觉型的人（偏向通过听觉来学习）来说，用录音笔记录需要背诵的知识，可以通过睡前听录音笔来复习。录音笔还可以记录自己背诵的声音，回听时可检查自己背诵的内容是否正确。此外，录音笔还可以存一些助眠的轻音乐，帮助自己入睡。

可以将录音笔与笔记本和铅笔结合使用。例如，当在笔记本上做笔记时，可以同时录制自己对这些笔记的额外解释或思考。使用录音笔时可以为录音文件添加标签，比如"数学""历史"等，以便于以后查找和使用。

建议选择一个录音清晰、操作简便、便于携带、容易传输文件的录音笔。录音笔的存储空间一定要足够大，考虑到可能需要长时间录音或使用，也要考虑录音笔的电池寿命。

5. 知识卡片

可以将复杂的概念或数据浓缩成易于理解和记忆的知识卡片。这种简化有助于快速抓住重点，提高学习效率。知识卡片的小巧特性使得它们非常适合快速复习和回顾。无论是在睡前还是起床后，我们可以轻松地翻阅这些卡片，加强记忆。

制作知识卡片的过程本身就是一项重要的学习活动。在转录和重组信息时，你实际上是在强化记忆和加深对材料的理解。关于如何制作知识卡片以及知识卡片的应用，将在后面的章节中详细介绍。

3.1.2 准备环节：开始学习前要注意什么

实施睡眠学习法时，每天晚上的睡眠时间应当固定。规律的作息是睡眠学习法有效的前提。在正式开始睡前10分钟的学习前，有两项重要工作要做：首先要选择睡觉前重点学习的资料；其次是为睡前的10分钟学习做好充足的准备。

先说选择睡觉前重点学习的资料这项工作。

在选择睡前10分钟的学习内容时，首先要评估学习内容是否有助于实现你的学习目标、学习内容的重要性及难度。

什么样的内容比较适合睡前10分钟学习呢？一般来说是那

些对你来说既具有挑战性又重要的内容。例如，如果你正在准备考试，那么选择那些经常出现在考试中的关键概念或公式在睡前学习，将会有助于你取得优异的成绩。

要限定学习内容的范围。由于睡前学习的时间有限，要确保选择的学习内容可以在10分钟内充分有效地学完。如果要学习的内容比较多，可以有选择地缩小学习范围。例如，如果要背诵的课文内容比较多，可以先背一半，第二天晚上再背另一半。

我们应该选择那些能在短时间内快速理解和记忆学习内容的呈现方式。如果是纯文字的内容，10分钟的时间不一定能阅读完。相较于文字，图形、公式等视觉化的内容呈现方式更容易帮助我们在短时间内记住知识。

睡前10分钟看的学习内容最好是自己之前看过的。要提前预习、整理和归纳。如果睡前10分钟看的是全新内容，大脑要耗费时间去理解和记忆，效果可能不佳。

比较好的做法是在开始这10分钟学习之前，预先浏览一遍学习内容，有个概览，可以提前标记出关键部分。这可以让我们在实际的学习阶段更加聚焦和高效。

睡前的学习准备，应该从睡前1小时开始。

睡前1小时，关闭所有的电子设备（例如电视、电脑、手机、平板电脑、VR/AR设备等），这样做不仅可以减少蓝光对睡眠的影响，还有助于减少信息的输入，让大脑能够进入放松状态。

睡前 50 分钟，让自己的身心逐渐开始放松下来，可以进行一些轻松的活动，例如阅读纸质图书、听轻柔的音乐，或做一些简单的家务。这些活动可以帮助你从一天的忙碌中缓慢过渡到放松状态。

睡前 40 分钟，要确保房间的温度适宜、光线柔和，减少声音干扰。如果觉得房间的主灯刺眼，可以开启一个小夜灯或阅读灯，同时检查和关闭一切噪声源，为自己创造一个安静、舒适的学习环境。

睡前 30 分钟，进行睡前洗漱，例如刷牙、洗脸、洗脚。如果有每天洗澡的习惯或者条件允许，可以在这个时间段洗个热水澡。冲热水澡可以帮助身体肌肉放松，既有助于睡眠，又有助于平静地学习。

睡前 20 分钟，如果想增加睡前学习的时间，从这时起就可以开始学习了。如果睡前只想学习 10 分钟，则可以进一步做好睡前的学习准备。这时候可以尝试在床上进行一些放松活动，如练习深呼吸、拉伸或冥想。这些活动可以帮助我们进一步放松身体和心灵。

睡前 10 分钟，正式开始学习之前，再检查一遍学习的道具是否齐全。除了前文提到的五种道具外，你可以按照自己的习惯准备适合自己的道具。准备好学习资料，调整好身心，开始学习吧！

3.1.3 睡前流程：睡前 10 分钟怎么学

采用睡眠学习法，在睡前要集中精力学习 10 分钟。这 10 分钟是高效学习时间，要全身心地投入其中。在这 10 分钟里，应该如何学习呢？可以按照如下四个步骤学习，如图 3-2 所示。

预览 ➡ 精读 ➡ 重复 ➡ 内化

图 3-2 睡前学习的四个步骤

1. 预览

在开始深入学习之前，首先利用几分钟时间来快速预览准备学习的内容。预览阶段的关键在于快速把握学习内容的整体结构和主要概念，而不是一上来就沉浸于细节。

通过扫视标题、副标题、图表、摘要或关键词，你可以很快对学习内容有个初步理解，并为即将学习的内容设置期望。这种方法可以极大地提高你的学习效率和理解深度。

在快速预览过程中，要特别留意那些重要信息或核心概念。例如，学习数学或物理时，可能是某个重要的公式或定理；学习化学时，可能是某个关键的化学反应方程式；学习历史时，可能是重大事件的发生日期；学习生物时，可能是某个关键生物学概念或定义。识别出这些关键点，能够帮助你在随后的精读阶段聚焦重点，更有效地吸收和理解信息。

例如，你正准备学习历史课本中关于第二次世界大战的内容。在预览的环节，你可能会着重识别出战争的主要转折点、关键战役和主要参与国家。这样的预览不仅能帮助你建立起对这个历史时期的框架性认识，还能在你深入学习具体战役或事件时，帮助你更好地理解它们在整个战争中的意义和影响。通过这种方法，你可以更加系统有序地理解复杂的历史事件，从而提高学习的效果和效率。

2. 精读

在完成快速预览之后，接下来的阶段是精读，这是一个更细致、更深入的学习过程，你的目标是彻底理解和内化所学的关键信息。

在这个阶段，你不仅要阅读文字，还要努力理解每个知识点的深层含义，并掌握不同知识点之间的相互联系和逻辑。为了做到这一点，你可以用笔画出文本中的重点，或者尝试绘制思维导图，以图形化的方式呈现信息的结构和联系。这种方法可以极大地增强你的理解和记忆。

在精读过程中，不要只是被动地接收信息，要主动地加工和总结这些信息。例如，当你学习一个复杂的科学概念时，你可以尝试用自己的话来解释这个概念，或者将其与你已知的相关信息连接起来。这样做不仅有助于深化你对知识的理解，还有助于将这些信息牢固地记在脑中。

精读结束时，花一两分钟时间回顾你刚刚学习的关键点和主要内容，用自己的话进行总结。这是将信息从短时记忆转化为长时记忆的重要过程。

例如，假设你刚刚学习了生物课本中细胞分裂的章节。精读结束后，尝试不看书本或笔记，回想细胞分裂的各个阶段，了解每个阶段的特点，以及它们在生物体中的作用和意义。

这样的练习不仅能帮助你加深对细胞分裂过程的理解，还有助于你未来更快速地回忆。

3. 重复

在学习的最后几分钟，闭上眼睛，让自己的思绪沉浸在刚刚学过的内容中。这个时候，再次回顾你所吸收的关键信息，这会迫使你的大脑更加积极地处理信息。

当你回顾时，尽量把学过的内容进行精简，以形成一个清晰、简洁的总结。这种方法就像是给你大脑里的知识建立一个"快捷方式"，使得你在日后需要时，能够迅速而准确地调用这些信息。

例如，你刚刚学习了春秋战国时期的历史知识，内容涉及春秋战国的起止时间、事件和人物。当你闭上眼睛开始回顾时，要在脑海中构建起一条历史时间线，并将事件和人物按照时间顺序排列进去。

在这个过程中，你不仅回顾了所学的内容，还在无形中训练了自己的思维能力，使得知识点之间的联系更加清晰。这样的练习，有助于你对学习内容的理解和记忆，增强你的逻辑思维和对知识的整体把控能力。最终，当你睁开眼时，会发现自己对那些历史知识有了更加深刻和清晰的理解。

4. 内化

内化学习内容是一个将新知识与已有知识融合的过程，这有助于深化理解和记忆。当你尝试将新学的内容与已知的知识或日常生活中的实例联系起来时，你实际上是在构建知识之间的桥梁，使新旧信息更加紧密地结合在一起。

例如，如果你正在学习历史事件，尝试在脑海中构建那个时期的场景，想象那个历史时期的社会背景、人物服饰甚至当时的气氛；如果是学习物理公式，试着想象一个生活中的实际应用场景，比如怎样用这个公式来计算和解决实际问题。

此外，提出与所学内容相关的问题也是一种极好的内化方法。你可以试着想象考试中可能出现的问题，比如历史考试中可能会问到的与某个特定事件相关的原因和结果，数学考试中可能要考的应用题。主动提出问题可以使你加深对学科的理解和兴趣。

假设你正在学习关于光合作用的生物学知识，你可以构思问题，比如"如果光照减少，植物的光合作用会怎样改变？"或"哪些环境因素会影响光合作用的效率？"。这样的问题既可以促进你深入思考光合作用的机理，还有助于将科学知识与现实世

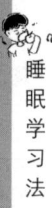

界联系起来，使学习变得更加生动。

最后，在完成上述四个步骤之后，不要忘了转换心情，让自己放松，深呼吸几次，定好第二天叫醒自己的闹钟，让大脑从集中学习的状态平稳过渡到准备休息的状态，为高质量的睡眠做准备。

3.2　抓紧复习：醒后 10 分钟做回顾

睡眠学习法包含两个主要部分：一部分是睡前 10 分钟的学习，还有一部分是醒来后 10 分钟的复习。这两部分缺一不可。前文已经介绍过睡前 10 分钟如何学习，接下来介绍醒来后的 10 分钟如何有效复习。

3.2.1　避免干扰：醒来后要注意什么

就像睡前 10 分钟的学习一样，醒来后 10 分钟的复习也需要做好一定的准备。首先要准备好醒来后需要的学习材料。在睡觉前，将学习材料如书、笔记本放在伸手可触的地方，这样你醒来时就可以直接开始复习，而不用浪费时间去寻找这些材料。

除此之外，还要做好如下四点准备，如图 3-3 所示。

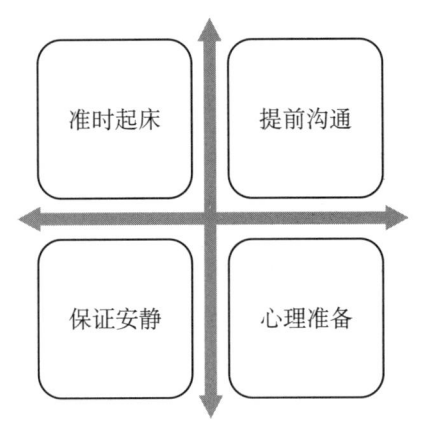

```
┌─────────┐   ┌─────────┐
│ 准时起床 │   │ 提前沟通 │
└─────────┘   └─────────┘
┌─────────┐   ┌─────────┐
│ 保证安静 │   │ 心理准备 │
└─────────┘   └─────────┘
```

图 3-3　醒来后避免干扰的四点准备

1. 准时起床

为了准时起床以实施睡眠学习法，首先需要选择一个可靠的闹钟，最好是那种可以设定多个不同时间提醒的闹钟，要确保闹钟能够准时响起，并且声音足够大，以保证你能听到。

对于学生来说，传统的闹钟优于手机闹钟。不用手机闹钟可以减少电子产品可能对早晨复习产生的干扰。可以考虑使用渐进式的闹铃提醒，也就是闹钟的音量会逐渐增大。这种类型的闹钟可以帮助你更平缓地从睡眠状态过渡到清醒状态，减少早晨醒来时的压力。

闹钟应该放在需要起床才能够到的地方。这样做可以防止你在半睡半醒时无意识地关闭闹钟，以确保你能够准时起床。

为了确保你在复习时不受干扰，可以考虑将闹钟的时间设定在家中其他人起床之前。这样，在其他家庭成员开始他们的

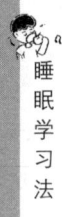

日常活动前,你可以在相对安静的环境中完成复习。

2. 提前沟通

要确保醒来后的 10 分钟复习时间完全属于你,不受外界打扰,可以提前和家人或室友沟通。

要选择合适的时机进行沟通,可以找一个大家都放松的时间,比如晚饭后或周末的闲暇时间,向家人或室友解释你的学习计划,以及这种学习方式对自己的重要性,争取他们的理解,并且让他们知道你希望他们做什么。

沟通的时候,明确说明你早晨希望免打扰的时间段,比如早上 7 点到 7 点 10 分。这样他们就能记住在这个时间段不打扰你,并且你要请求他们在这个时间段内给予你一些空间。

可能你的家人或室友对睡眠学习法不太了解。你可以向他们解释这种方法能帮助你更好地学习和记忆信息,这样他们更有可能支持你。有时,只是简单地表达你的需求就足以让他们了解并配合你。

如果可能的话,你可以试试与家人或室友一起制订一些规则,比如规定早上的安静时间,或者设定一个"不打扰"的信号,比如在门上挂上一个小标志。

当家人或室友支持你的学习计划时,要向他们表示感谢。这不仅能密切家庭成员间或室友间的关系,也会让他们在未来更愿意支持你。

3. 保证安静

醒来后的 10 分钟复习时间也要像睡前 10 分钟一样全力投

入，要保证这段时间不受打扰。为此，可以选择一个安静的地方复习。如果你居住的环境比较嘈杂，可以考虑使用耳塞或降噪耳机来屏蔽外界噪声。

通常来说，你的床或房间就是最佳的复习场所，因为这是你最能控制环境干扰的地方。务必确保房间里足够安静，如果需要，可以使用窗帘或隔音材料来减少外界的噪声干扰。

如果你的房间不够安静，可以考虑找一个更适合的地方。这个地方可以是任何你觉得可以让自己安静和保持专注的地方。

在早晨的学习区域内，要减少那些有可能干扰你的物品。例如，将手机设置为静音状态或者放在另一个房间。如果你的学习区域内有电视或其他电子设备，确保它们在你复习的这段时间里处于关闭状态。

尽量每次学习时都在同一个地点。这样，你的大脑会习惯于这个特定的环境与学习活动之间的联系，这有助于你醒来后更快地进入学习状态。

4. 心理准备

早晨醒来后，开始复习前，如果你发现自己有其他杂念，尝试有意识地将它们放在一边。可以简单地记下这些思绪，以便学习后再处理，确保在学习时你的注意力不被它们分散。

你可以花一两分钟时间调整好自己的心理状态，可以做几次深呼吸、简单的伸展运动，或是进行短暂的冥想。这有助于大脑清醒，使你从睡眠状态转换到学习状态。

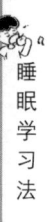

通过采取以上措施，你可以为早晨醒来后的复习做好充足的准备，有效地利用醒来后的 10 分钟复习时间。

如果你每天都在固定时间进行睡前和醒后学习，那么你身边的人就会逐渐适应并尊重你的学习习惯。你的学习习惯会影响他们对待这件事的习惯。关于如何养成好的习惯，我将在后续的内容中详细介绍。

3.2.2 醒来流程：醒来 10 分钟怎么复习

睡眠学习法中醒来后的复习环节是整个过程中至关重要的一环。通过巩固睡前学习的内容，并将其更深地嵌入记忆中。这段时间应当以对昨天晚上学习知识的复习为主，或者对昨天晚上学习的知识内容进行适度拓展，不建议在这段时间学习全新的知识内容。

醒来后的复习环节可以这样做，如图 3-4 所示。

回顾睡前的学习内容 → 自我测试 → 记录重点 → 讨论分享

图 3-4 醒来后复习的四个步骤

1. 回顾睡前的学习内容

醒来后的第一步是回顾睡前学习的内容。这样做有助于利用睡眠对记忆的增强作用，提高学习效率和记忆保持率。

如果你在睡前阅读过书或其他材料，醒来后应快速重读这些学习内容中的关键部分。刚开始不需要全面阅读，可选择阅读你认为最重要或最难的部分。这种快速重读有助于刷新你的记忆，并为更深层次的理解打下基础。

如果你在睡前学习的时候做了笔记、划了重点或画了思维导图，那么可以先从浏览这些内容开始。浏览的对象应该包括关键概念、定义、重要事实或你认为重要的信息。通过回顾这些内容，你可以迅速回想起睡前学习的内容，并准备进行更深入的复习。

每一个概念或事实都有其逻辑或原理，不要只是死记硬背，要努力理解这些逻辑或原理。例如，在学习数学公式时，你要尝试理解公式是如何推导出来的，以及它们为什么能被推导出来。

在复习睡前学习的内容时，仔细思考这些信息的深层含义。如果你复习的是历史知识，可以思考某些事件如何影响了历史进程；如果你复习的是物理知识，可以思考某些原理如何与现实世界相联系。

在回顾了学习内容和重读关键后，尝试总结睡前学习内容的关键点，最好不要只是在心里梳理，要说出来或写出来，让自己比较直观地听到或看到效果更佳。

2. 自我测试

要评估自己有没有掌握所学的知识，可以尝试在醒来后做自我测试。这种自我测试可以从回答简单的问题开始，例如问自己"我昨晚学习的主要内容是什么？""这些知识的核心要点是什么?"。

对所学的内容,可以尝试进行批判性思考。可以问自己一些更深入的问题,比如"这个概念的限制条件是什么?""这个理论在什么情况下可能不适用?"。这种思考可以帮助你更全面地理解学习内容。

可以提前准备好自我测试的题目,前一天晚上放在床边,醒来后直接看。这些题目可以是你自己提出的问题、书本中的练习题,或者在线找到的相关测验,但要确保这些测试材料覆盖了你睡前学习的主要内容。

做自我测试的时候,尽量不要在回答前查看笔记或书,要客观真实地测试你的记忆和理解水平。如果早晨时时间允许,可以尝试做一些小测验。小测验的题目应模拟真实考试的填空题、选择题或简答题。当然,这样的话,用时可能会超过10分钟。

如果没有特定的测试题,也可以尝试用自己的话复述睡前学习的内容。这不仅可以测试你有没有记住,而且可以测试你对学习内容的理解程度,从而看出你能否流畅、准确地解释这些概念或信息。

完成自我测试后,客观地评估自己的表现。如果你发现有些部分记忆模糊或理解不清,那这就是需要进一步复习的信号。要反思自我测试中出现的错误或不确定的部分,并返回材料中重新学习。

3. 记录重点

在复习过程中,当你获得对学习材料的新理解、新见解或发现之前未注意到的细节时,应当立即记录下来;或者对复习中认为特别重要或难以记忆的信息,进行标记和记录。

通过记录重点和新的见解,你不仅在当下加强了对学习内容的掌握,还为未来的学习打下了坚实的基础。这种方法有助于形成一个持续的学习循环,使每一次的学习都能在之前的基础上更进一步。

早晨的复习结束后,可以花一点时间重新整理和审视你的笔记:可能包括对笔记的归类、重写和进行更清晰的表达,或是用不同颜色的笔标注出不同类型的信息。

培养定期复习这些笔记的习惯。在未来的学习中,这些精心记录的重点和见解将作为宝贵的资料,帮助你快速回顾和巩固所学内容。

4. 讨论分享

为了进一步加深你对知识的理解和巩固记忆,可以在早晨复习后找到家人、朋友或同学,与他们讨论或分享自己学到的知识。

如果同学也在学习或复习这部分知识,可以与同学互动讨论,这样理解和记忆的效果会更好。在讨论过程中,应鼓励对方提问和给予反馈。对方的问题可以帮助你从不同的角度思考所学内容,也可能给你提供不少新思路。

如果有对你所学习的知识感兴趣的人,例如你的父母,可以尝试以教授别人的方式来讲解你所学的内容。这种方法不仅有助于你更深入地理解知识，而且你还能发现自己可能遗漏或不确定的部分。在解释知识的时候，尽量用简单、明了的语言。

通过上述的四个步骤，我们可以充分利用好醒来的复习时间，巩固和强化睡前10分钟的学习效果。

3.2.3 培养习惯：有益的自动驾驶系统

有效实施睡眠学习法，需要有序、规律的作息，不能三天打鱼两天晒网。例如，像今天晚上复习了，明天早晨不复习，或者今天晚上不想学习了，全部等到早晨起来再学习。这会大大影响睡眠学习法的实施效果。

要让自己的作息有规律，培养良好的学习习惯。良好的学习习惯可以提高学习效率、克服拖延问题、增强行动力，还可以帮助我们在面对挑战和生活中的其他困难时，展现出更好的适应性和应对能力。

要培养良好的学习习惯，有四个关键步骤，如图3-5所示。

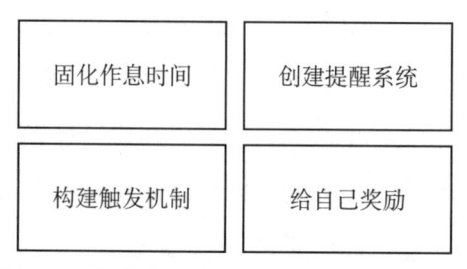

固化作息时间	创建提醒系统
构建触发机制	给自己奖励

图3-5 培养有益的学习习惯的四个关键步骤

1. 固化作息时间

选择一个适合自己的时间睡觉或醒来，并且每天都按照这个固定的时间进行。这有助于调整你的生物钟，逐渐适应这个作息时间。可以参考前文，在睡前为自己设定一套固定的程序，这有助于你的大脑和身体放松，为睡眠做准备。

2. 创建提醒系统

在行为还没有形成习惯前，要选择一个适合你的提醒方式，创建一套有效的提醒系统，帮助你在养成新的学习习惯方面取得成功。这个提醒方式可以是闹钟，也可以是来自家人的监督。

根据你的日程和学习计划，设定精确的提醒时间。例如，如果你计划每天晚上10点学习，那么可以从9点开始就设置阶段性提醒。按照睡前的程序可以设置多个提醒，例如分别提醒关闭电子设备、放松、洗漱的时间，从而为睡前的学习和按时睡觉做好准备。

如今的很多闹钟可以在提醒信息中加入一些激励的话语或者提醒具体的学习任务，例如："是时候关掉电子设备了，接下来该为睡前学习做好准备了，加油！"这样的个性化信息可以改善提醒的效果。

在习惯完全养成之前，这种提醒一定要每天都有，且要重复。一旦提醒的铃声响起，立即开始你的学习活动。这种即时响应有助于建立条件反射，让你的大脑习惯于在听到提醒时立即转入学习模式。

除了声音提醒，你还可以在学习区域内放置一些视觉提示，比如便签、标语或海报，提醒自己学习时间的到来。我会帮助女儿把她的作息时间打印出来，贴在她屋子里墙上的钟表下面，这样能随时提醒她要规律作息。

有的同学可能会对提醒"免疫"，例如，早晨闹钟响起，但自己就像没有听见一样，继续睡，所以一定要检查提醒系统的有效性。如果你发现自己经常忽视提醒，说明提醒系统已经对你失效，可能需要调整提醒的时间或方式。

注意，这里的关键是要立即响应提醒，并将其作为开始学习的信号。这种方法最终可以帮助你在没有提醒的情况下，也能自然而然地进入学习状态。

3. 构建触发机制

构建触发机制是一种利用环境或行为上的特定信号来激发特定行为的方式，是养成良好作息习惯的关键环节。比方说，你一坐在沙发上，就想拿起遥控器打开电视。坐在沙发上这个动作，就是打开电视这个惯性行为的触发机制。

可以试试将你的触发行为和学习行为直接关联起来，这样你就能自然而然地开始学习了。例如，如果你每次吃完晚饭就写作业，那么吃晚饭的行为就成了你每天晚上写作业这个惯性行为的触发机制。这样的习惯一旦养成，就会成为你日常作息的固定组成部分。

建议你选择一个日常行为作为自己的触发机制，这样可以帮助你在日常生活中自然而然地进入学习状态。这个行为应该是你每天都会做的事情，例如换校服、吃晚饭、刷牙、洗脸。可以围绕这些行为来安排你的学习时间，使之成为你学习活动的自然启动信号。

睡前学习行为的触发机制，可以是换上睡衣、打完乒乓球或洗完脚；醒来后学习行为的触发机制，可以是关上闹钟、换掉睡衣或伸个懒腰。

要注意确保在触发行为和学习行为之间没有干扰。比如，如果你吃完晚饭后常常看电视，可能需要调整这个习惯，以避免它成为学习的障碍。

还要注意触发行为要保持一致性。重复是养成习惯的关键。每天都在相同的触发行为之后进行学习，这样可以帮助你的大脑形成稳固的关联，从而更自然地进入学习状态。

除了行为上的触发机制，还可以使用视觉或听觉上的提示来加强这一机制。例如，你可以在学习区域放置特定的物品，看到这个物品后你就想到要开始学习，或者给闹钟设定播放某个特定的音乐，并将其作为开始学习的信号。

触发机制也许不能马上奏效，可能需要评估和调整。你可以在试行几周后，评估为自己设定的触发机制是否有效。如果需要，可进行适当的调整。不要心急，有时候，找到最适合你的触发行为可能需要多试几次。

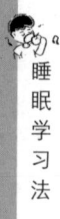

4. 给自己奖励

奖励自己是养成和保持新习惯的一个重要策略，尤其是在养成学习习惯的过程中。这种正向激励方法可以有效地帮助你保持和增强动力，直到习惯行为变得根深蒂固，不再需要外部奖励。

设定奖励的时候，首先要设定达成目标的标准，明确你需要达成的目标，目标达成后才能获得奖励。这个目标是否达成应该是可以明确衡量的，例如"连续一周每天都实施睡眠学习法"。

设计一个对自己来说有吸引力的奖励，可以是一本新书、一支笔或一个笔记本；奖励不一定是物质的，也可以是精神奖励，例如，看一部纪录片、看一集电视剧或看一场电影。奖励对你来说要有一定的意义，而且要有一定的激励作用。

奖励应该与你所设定的目标相称。例如，对于较小的目标，应选择较小的奖励；对于达成更大或更难的目标，可以考虑对自己来说更丰厚的奖励。一旦达成目标，应立即给予奖励。这样可以加强目标与奖励之间的联系，增强未来努力的动机。

奖励不一定是一成不变的，如果每次都是相同的奖励，奖励可能会逐渐失去吸引力，可以试试定期更换奖励的类型，以保持新鲜感和激励效果。

奖励的最终目的是让习惯本身成为你的动力。虽然奖励是一个很好的激励手段，但不要过度依赖奖励。

良好的学习习惯可以帮助我们更有效地吸收和理解知识。当我们习惯于每天晚上睡觉前的学习和早晨醒来后的复习后，会更容易且有效地应用睡眠学习法。培养习惯的过程可以提升我们的自我管理能力，也会对未来的人生很有帮助。

3.3　间歇休息：课业中途充电站

有的孩子白天感觉很劳累，但不懂得如何通过间歇时间让自己休息。休息不仅发生在晚上睡觉的时候，白天的课间、午间和晚间的休息都可以给自己充电，使自己恢复元气。不过，白天的休息要讲究方法，如果休息不当，可能影响晚上的睡眠。

3.3.1　课间：充分利用好每个 10 分钟

我读书的时候遇到过一些同学，他们恨不得把自己的头每时每刻都埋在书本里。上课的时候听课，下课的 10 分钟拼命看书，连厕所都不舍得去，似乎在想办法把每一分每一秒都用来学习。

在我见过的这种类型的同学中，没有一个人是学霸。准确地说，他们的学习成绩通常都不理想。而我见过的那些学霸，他们课间 10 分钟通常都不怎么学习，或者就算学习，也是偶尔

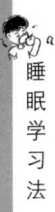

的、短暂的。

我把自己的这个体会告诉女儿，想向女儿验证我的这个体会是不是个例，女儿说她周围的同学也是这样的。我又问了几个朋友，他们也都有同样的体会。

人的注意力是有极限的。对大多数人来说，在 40 分钟左右的课堂时间保持全神贯注已经非常耗费精力，因而课间 10 分钟的休息时间应该充分用好，才能真正起到休息的效果。

在课间休息过程中，用几分钟快速浏览下节课老师要讲的内容是可以的，但如果把这 10 分钟全部用来学习，反而不利于高效学习。

从生理角度来看，连续的学习无疑会导致身体的疲劳。长时间保持同一姿势，特别是坐着，可能会导致背部和颈部疲劳。不休息就继续学习会加剧这种疲劳，甚至可能导致长期的身体问题，如颈椎病或近视。身体不适感会分散注意力，降低学习效率。

从心理角度来看，不间断的学习会造成精神上的压力。课间休息是学生从紧张的学习状态中暂时抽身、放松大脑的重要时机。如果这个时间被学习填满，学生就失去了恢复精神的机会。长期下去，这种持续的精神压力可能导致焦虑、厌学甚至抑郁等心理问题。

此外，大脑需要时间来整理和记忆信息。连续的学习没有给大脑足够的时间来处理和巩固新学到的信息。不间断地输入新信息，不给大脑足够的时间来处理这些信息，会影响学习质量。

那么，课间10分钟应该怎么用呢？常见的应用方式有六种，如图3-6所示。

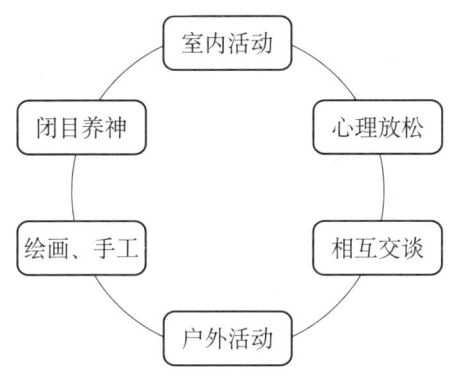

图3-6 常见的六种课间活动方式

1. 室内活动

长时间坐着会导致肌肉紧张、身体僵硬、血液循环减慢或精神疲惫。利用课间休息进行一些简单的室内活动，不仅有益于身体健康，也有助于提升学习效率和精神状态。

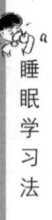

我们可以选择在走廊里快速散步，或者在教室内做一些轻松的拉伸运动。快速散步可以促进血液循环，让我们暂时远离学习环境，有助于清醒头脑。

此外，一些简单的室内放松动作，如手臂旋转、颈部轻柔旋转或腰部扭转，也非常适合在课间休息时进行。这些动作不需要特别的空间或设备，可以在教室里轻松完成。

2. 心理放松

如果我们在某段时间因为学业或考试感到压力大，可以在课间利用几分钟进行心理放松，以帮助自己缓解压力，恢复精神状态。

我们可以选择一个安静的地方，闭上眼睛，专注于自己的呼吸，进行深呼吸练习——慢慢吸气，保持几秒钟，然后缓慢呼气。

还可以尝试一些基本的冥想技巧，如把注意力集中在某一特定对象或声音上，注意自己的感受和周围环境，但不做任何判断，清空杂乱的思绪。

3. 相互交谈

与同学进行简短的交谈不仅可以舒缓注意力、缓解学习压力，而且可以增进同学间的友谊，创造一个更加和谐的学习环境。

我们可以与同学分享最近发生的有趣事件，讲讲笑话，或者简单地讨论即将到来的考试。交谈不是单向地输出观点，听一听同学的学习经验，可以获取不同的观点和学习方法，从同学那里得到学习上的启发和建议。

通过与同学的交流，我们可以感受到同伴的支持和理解。课间休息期间进行轻松的讨论，还是一种轻松巩固学习内容、增加学习乐趣、提高学习效率的方式。

4. 户外活动

课间休息时，可以走出教室，花几分钟时间在户外呼吸新鲜空气，做一些户外活动。这样做可以缓解眼部疲劳、舒缓心情。

喜欢运动的同学可以在这段时间做一些不剧烈的体育运动，例如慢跑、踢毽子、跳绳等，锻炼身体，有益身心。

不喜欢运动的同学也不要老是待在教室里，可以利用这段时间观察周围的自然环境，如树木、花草或天空，这样能帮自己转换心情。

人身安全是第一位的。在户外活动的时候，务必要注意安全，不建议做危险动作，也不建议做剧烈运动。

5. 绘画、手工

有些比较喜欢安静、喜欢画画的同学，可以在这段时间进行一些自己喜欢的绘画活动。这样不仅可以减压，还能激发创造力和想象力。

喜欢做手工的同学也可以利用这段时间完成自己的手工作品。我女儿班上一个成绩不错的女生喜欢十字绣，对她来说，每天课间做十字绣就是非常好的减压方式。

不论是绘画还是做手工，都会产生某种有意义的作品。这种有输出物的休闲方式是很多人喜欢的，既有成就感，又能放松身心。

6. 闭目养神

以前有朋友问我，孩子上学的时候总是阶段性觉得困，这种情况下要不要让孩子短暂地睡个觉呢？对于学生来说，在白天感到困倦想睡觉的时候，是否要打个盹，是一个需要综合考虑的问题。

青少年的生物钟与成年人的有所不同，有晚睡晚起的倾向。因此，青少年在上午早些时候感到困倦是正常的生理现象。如果实在觉得困，在两节课之间的 10 分钟可以试试小睡，虽然时间短暂，但仍然可能对精神的集中和短期恢复有益。

课间休息时，即使是闭上眼睛放松几分钟，也可以帮助我们减少大脑过载，从而提高注意力。这种短暂的休息可以帮助我们降低压力水平，提供一种心理上的"重置"。小憩有助于放松大脑，改善情绪。即使短暂的休息也有助于提高认知功能，尤其是在长时间学习后。

然而，长时间或频繁的白天小睡则可能会打乱正常的睡眠模式，从而影响夜间的休息。如果白天的小睡影响了晚上的睡眠质量，比如造成晚上难以入睡或睡眠时间减少，那么就需要避免。

而且，课间 10 分钟的小睡应该侧重于闭目休息，而不是进入深度睡眠。进入深度睡眠然后突然醒来可能会有一种昏昏沉沉的感觉，会让人感觉比小憩前更加疲倦。

总之，课间 10 分钟是用来休息的，不建议被用来学习。考虑到每个人的个性不同，这 10 分钟如何应用因人而异。大原则是能够有效缓解学习疲劳，恢复精力，让自己感到放松，有助于身心健康。

3.3.2 午间：中午也可以用睡眠学习法

我上小学的时候，学校要求孩子们睡午觉，我白天精神抖擞，中午根本睡不着。跟我类似的小朋友有很多。中午睡不着怎么办？很多小朋友就跑出去玩。

有一次，老师在中午本该午睡的时间看到有学校的学生在街上玩，就决定成立一个午睡督查小组，让小朋友轮值，在午睡时间去街上巡查，"抓"那些不睡午觉的学生。

这个督查小组是自愿报名的，对于报名的同学老师会给一个小奖励。我正好不喜欢睡午觉，就报名了。为此，老师还表扬我无私奉献。

到了下午，常有同学凑过来安慰我："为了督查大家的午睡，你牺牲了自己的午睡时间，你真伟大！"我嘴上虽说没什么，但心里想："我其实本来就睡不着。"

我奇怪自己为什么不需要午睡，周围有的同学跟我一样，也表示不需要午睡，中午睡了晚上反而睡不好。还有一些同学说需要午睡，不午睡的话下午总是昏昏欲睡的，没有精神。

长大后看书多了，才知道因为个体差异、不同的生活习惯和生物钟，午睡其实并不适合所有人。我就是那种不需要午睡的人。

每个人的生物钟都是独特的。有些人的生物钟可能更适应固定时间的、长时间的夜间睡眠，这类人更希望睡眠时间是一个整体，不适应睡眠时间被分割。

独特的生物钟

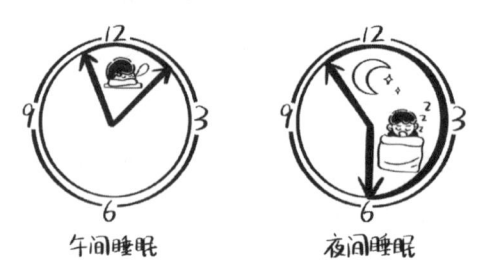

午间睡眠　　　夜间睡眠

午睡可能会干扰这类人晚上的睡眠，可能导致夜间入睡困难或半夜醒来后难以入眠，也可能导致更加疲倦、迷糊或情绪低落。

而有些人可以适应，或者说比较容易习惯将睡眠时间分割，这类人往往比较适合午睡。午睡对某类人来说是一种放松和恢复精神的方式。除了午睡，这类人还可根据自身的困倦程度在不同时间间歇性地睡眠。

除了生物钟的原因，生活节奏、健康状况或个人习惯也可能影响午睡。那些已经习惯了不午睡的人可能会发现，即使自己尝试午睡，也很难在短时间内入睡。一些精力充沛的人中午完全没有困意。在这种情况下，完全是可以不午睡的。如果硬要自己午睡，不但睡不着，反而可能增加自己的压力。

当然，我绝不是要否定午睡的价值。对于很多人来说，比起课间 10 分钟，午睡是白天阶段性休息的好方式。如果你的生物钟需要午睡，午睡对你有益，那午睡对你来说就是一个值得推荐的习惯。

午睡对许多人来说是一种有效的恢复活力和提高下午学习效率的方式。对于那些因为夜间睡眠不足或睡眠质量差而感到困倦的人来说，午睡可以弥补睡眠的不足。

午睡可以让大脑得到休息，有助于巩固记忆，提高下午的注意力，也可以作为一种有效的压力释放方式，帮助放松心情，减少焦虑。

睡眠学习法可以在晚上睡觉前和早上醒来后实施，当然也可以在午间睡觉前后实施。午睡前集中注意力学习 10 分钟，午睡醒来后再复习一遍，同样能起到睡眠学习法的效果。

然而，要注意控制午睡的时间。过长时间的午睡可能会影响夜间的睡眠质量。一般来说，午睡时间控制在 20 分钟左右为宜，这样既能达到休息的效果，又不会因为白天睡眠过多而影响晚上睡眠。

持续时间超过 30 分钟的午睡，通常可以使人进入更深度的

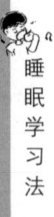

睡眠阶段，这虽然对记忆和学习能力的恢复有一定好处，不过因为需要从深度睡眠中恢复，可能导致人们在醒来的时候感到更加疲惫。

对于是否应该根据个人的具体需求和生活学习方式安排午睡，并没有统一的定论。如果你觉得自己需要午睡，午睡后自己下午精神饱满，学习效率提高，利大于弊，在这种情况下就安心午睡，而且可以让午睡成为一种固定的习惯。

但如果你发现自己午睡后还不如不午睡，弊大于利，那就不要午睡，不必因为看到别人有午睡的习惯而自己不午睡就感到困惑，毕竟每个人都是独特的。

睡眠和作息方式虽然有类似的规律，但就像穿衣装扮需要根据个人体型和喜好来定一样，这类比较个人化的事情，并没有放之四海而皆准的定论。

睡眠有助于身体的恢复，身体会给你答案。我建议你观察自己的身体信号，找到最适合自己的睡眠模式。同时，保持一定的灵活性，根据具体情况（如学习压力、身体状况等）调整自己的睡眠习惯。

3.3.3 晚间：放学后放松身心，消除疲惫

女儿说她有个同学，每天放学回家吃完晚饭后都要躺一会儿，有点类似午睡。女儿问我这个习惯是不是不好？

我说："睡眠休息是一件比较个性化的事，毕竟每个人的生

物钟和习惯不同。这个同学觉得这种休息方式适合自己,那这对她来说就是适合的。"

我脑海中忽然浮现出我上学那会儿班里也有这么个同学。这个同学说自己吃了午饭和晚饭之后就犯困,仿佛自己的胃在跟大脑争抢资源。

有的学生放学后会感到特别困,这时候要不要睡一会儿呢?

关于这个问题,我专门询问过一位睡眠专家。她说对大多数人来说,一般不建议傍晚小憩,尽量通过别的方式消除疲惫感。

但情况因人而异,确实有少部分人如果不睡一会儿会特别难受。如果是这种情况,是可以试着小憩一会儿的,建议时间在 20 分钟左右。这种休息方式的道理和午睡类似,并不适用于每个人。

如果你觉得自己傍晚需要睡一会儿,也不必奇怪为什么别人不这样。究竟要不要在傍晚小憩,可以通过自我观察决定,即看看小憩是否会影响自己正常的睡眠模式和精神状态。

短暂的小憩（通常不超过 30 分钟）可以帮助我们提高认知功能，增强记忆力和学习能力。在一天长时间的学习后小憩有助于我们恢复精神，提高晚间的学习效率。

晚间的小憩同样要控制时间。短暂的小憩（20 分钟左右）比较有效，因为没进入深度睡眠，醒来后一般不会有困乏感。如果小憩时间过长（超过 30 分钟），身体可能会进入深度睡眠阶段，醒来后会感到更加疲倦。

而且，傍晚的小憩可能会影响晚上的睡眠质量。许多青少年倾向于晚睡，傍晚的小憩可能会进一步推迟睡眠时间。

学习了一天，晚上放学后大家多多少少都会有些疲惫。如果你只是晚上有点小累小困，建议你不要尝试小憩。除小憩之外，还有很多可以让你放松身心、调整状态、帮助你消除疲惫感的方式，如图 3-7 所示。

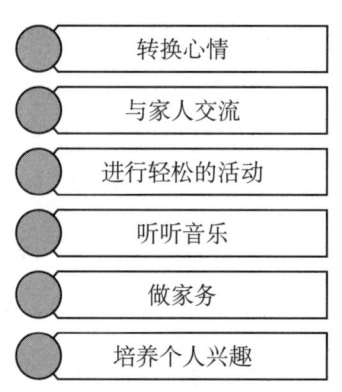

- 转换心情
- 与家人交流
- 进行轻松的活动
- 听听音乐
- 做家务
- 培养个人兴趣

图 3-7　晚间常见的消除疲惫感的六种方式

1. 转换心情

回家后，脱掉校服，换上更舒适的家居服，从学校模式转换到家庭模式，能够帮助自己转换心情。

2. 与家人交流

花一些时间与家人聊天，分享一天中的经历和感受，这样既可以增进家庭关系，又能在心理上放松。

3. 进行轻松的活动

傍晚可以短时间散步或者做一些轻度的运动，例如瑜伽或轻松的拉伸，这样能够帮助身体放松，缓解肌肉紧张。

4. 听听音乐

听喜欢的音乐是一种有效的放松方法，能够使心情变得更加愉快。我比较推荐听轻音乐。

5. 做家务

可以帮父母准备晚餐或做一些简单的家务，如整理餐桌，这可以在一定程度上分散注意力，缓解疲劳。

6. 培养个人兴趣

放学回家之后可以进行一些轻松的个人爱好活动，比如阅读兴趣书、绘画等。这不仅可以放松心情，还有助于个人兴趣的培养和发展。

总之，放学后如果感到非常疲倦，可以小憩，但前提是这种短暂的休息不会影响晚上的正常睡眠。如果要小憩，一定要注意时长。晚间感到疲惫是正常现象，并不是只有小憩可以缓解疲劳。除小憩外，还有很多可以消除疲惫感的方式。

第 4 章

学习技巧：
睡前这样学习效率更高

高效实施睡眠学习法，需要掌握一定的学习技巧。这些技巧包括正确应用知识卡片，为睡前和醒来后的学习准备好学习材料；掌握高效的记忆方法，快速记住关键知识；进行间隔复习，让记忆更长久。

4.1 知识卡片：充分利用碎片化时间

知识卡片是实施睡眠学习法的重要道具，我认为它也是一个必备道具。知识卡片的正面通常是一个主要概念、问题或事实，背面通常是相应的解释或答案。用好知识卡片，就不需要睡觉的时候身边放太多资料，只需要准备相应的知识卡片，就能快速学习和复习相关的知识。

4.1.1 做好筛选：找到关键知识点

制作知识卡片前，要做好筛选，明确什么样的知识适合制作成知识卡片，以及自己需要把哪些知识制作成知识卡片。

首先需要确定你希望通过这些卡片达成的具体学习目标，这些目标需要符合 SMART 原则（后文会详细介绍）。学习目标可分为短期目标和长期目标。短期目标可以是一周内掌握一定量的知识，而长期目标可能是整个学期要学习的知识。

接下来，要根据自己制定的目标，识别出关键知识点。关键知识点是指那些对理解和掌握一个特定主题至关重要的信息或概念。

因为知识卡片的空间有限，不可能把所有相关信息全部记录在卡片上,只能挑那些最重要的关键知识点,如图 4-1 所示。

基础概念和定义	原理和理论
事件或日期	人物和贡献
图表和模型	常见错误和误解

图 4-1 适合做成知识卡片的六类关键知识点

1. 基础概念和定义

基础概念和定义像是建筑物的地基,能帮助我们构建知识框架,是学习更高级和复杂概念的出发点。对基础概念的清晰理解可以使我们避免后续学习中的误解和混淆。

例如,氢、氧、碳等化学元素是理解化学反应和物质组成的基础;化合物是由两种或两种以上元素构成的,比如水(H_2O)或二氧化碳(CO_2);分子作为组成化合物的基本单位,其结构和性质是理解化学反应和物质性质的关键。

知识卡片正面可以写术语或概念,比如"氢"(化学元素名称)。

知识卡片背面可以写定义和相关的例子,比如"H 在元素周期表中位于第一位。通常的单质形态是氢气。氢气是最轻的气体，无色无味无臭，同时也是一种极易燃烧的由双原子分子组成的气体"。

如果空间足够，可以在知识卡片上附加一个简单的例子或应用场景，比如"氢气是一种石油化工产品，是高效的燃料，可以填充气球，是重要的化工原料……"。

写有基础概念和定义的知识卡片能帮助你打下坚实的知识基础，为深入学习提供帮助。这种方法不仅适用于化学，也适用于任何需要理解一系列基本概念和术语的学科，如物理、生物、法律或经济学。

2. 原理和理论

原理和理论是各学科最基本和应用最广泛的概念。深刻理解学科的基本原理可以激发新的思考，促进问题解决和创新，是深入掌握学科知识的关键。原理和理论类知识卡片，可以成为不同概念和思想之间的桥梁，帮助你将信息整合成一个连贯的知识体系。

例如，物理中的牛顿运动定律构成了经典力学的基础，解释了物体如何因力而移动。这类定律对于理解物体在世界中相互作用至关重要。

知识卡片正面可以写理论或原理的名称，比如"牛顿第二定律"。

知识卡片背面可以写公式或原理内容，比如"$F=ma$（力等于质量乘以加速度)",并解释其意义:"物体加速度的大小跟作用力成正比,跟物体的质量成反比,且与物体质量的倒数成正比;加速度的方向跟作用力的方向相同"。

3. 事件或日期

事件和日期是理解事物发展的框架,可以帮助我们了解不同事件是如何相互联系和影响的。了解事件发生的背景及其影响可以加深我们对事物发展规律和人类社会演变的理解。特定的事件和日期可以作为记忆的锚点,帮助我们记住知识。

例如,法国大革命作为现代史上比较重要的事件之一,不仅改变了法国,也对世界历史产生了深远影响。了解这一事件的开始、过程和结果,有助于理解现代民主政治和社会思潮的发展。

再如,学习历史的时候,可以用知识卡片记录标志性的历史事件或日期。

知识卡片正面可以写特定的历史事件或重要日期,比如"法国大革命的开始"。

知识卡片背面可以写事件的关键细节,包括发生的时间、地点、主要参与者和影响。比如,"从1789年开始,统治法国几个世纪的波旁王朝及君主制在三年内土崩瓦解,导致君主制的终结和民主思想的兴起"。

事件或日期类的知识卡片特别适用于历史、政治和其他社会科学类的学科。强调时间顺序或事件背景理解的学科都适合利用知识卡片学习。注意，我们要探索的是事件背后的原因和影响，而不只是记住日期和事件。

4. 人物和贡献

人物的生平和背景可以为抽象和理论化的概念提供人文视角，使学习过程更加生动和有趣。人物的故事通常具有激励作用，能够激发学习者的兴趣和好奇心。有些人物往往是领域内的革新者或思想领袖，他们的贡献是我们了解该领域发展的重要线索。

例如，达尔文的进化论是生物学和自然科学领域的一个重大突破。他的理论不仅影响了科学界，也对社会和文化产生了深远影响。

知识卡片正面可以写关键人物的名字，比如"查尔斯·达尔文"。

知识卡片背面可以详细描述人物的主要贡献、理论或发现及其影响。比如"提出了自然选择和物种进化的理论，改变了我们对生命起源和发展的认知"。

如果有空间的话，还可以写一下人物的一些有趣的事，以增强知识卡片的吸引力。

人物和贡献类知识卡片适用于所有需要了解人物及其重要贡献的学科，如语文、历史、物理、艺术等。通过这类卡片，你不仅能够深入理解这些贡献背后的思想和理论，还可以从更广阔、更多元的视角理解和评价这些贡献。

5. 图表和模型

人脑通常更擅长处理和记忆视觉信息。复杂的概念或信息可以通过图表和模型简化，从而更易于理解和记忆。图表和模型作为学习过程中强有力的视觉辅助工具，能够使复杂的知识变得更加直观。

例如，生物中复杂的细胞结构可以通过详细的图示来简化，从而帮助学习者理解细胞的各个部分及其功能。

知识卡片正面可以写一个主题，比如"描述动物细胞的结构"。

知识卡片背面可以展示相关的图表或模型，并提供简要的说明。比如，画出动物细胞的详细图示。

图表和模型类知识卡片几乎适用于所有学科，特别是那些涉及复杂概念、多种信息或大量数据的学科，如生物学、化学、物理学、经济学和地理学。通过设计图表和模型，你可以用更多元的方式来理解信息。

6. 常见错误和误解

要学习的知识可以制作成知识卡片，曾经犯过的错误也可以做成知识卡片，尤其是那些常见的错误，这有助于避免考试时重复犯这些错误，从而提高考试成绩。认识到自己的错误有助于我们加深对正确概念或方法的理解。

例如，在学习英语的时候，常见的错误有单词理解错误、语法错误、发音错误等。

知识卡片正面可以写特定的常见错误或误解，比如，"affect 和 effect 易混淆"。

知识卡片背面可以说一下之前为什么会出现这个错误、可能的后果，以及如何避免这个错误。比如，affect 作名词意为"感情，情感，心情"，作动词意为"影响，侵袭，假装，被感动"；effect 作名词意为"效果，影响，印象，结果"，作动词意为"使发生，实现，引起"。

常见错误和误解类知识卡片适用于任何学科，尤其是那些容易出错的知识，其可以帮助你有意识地识别和避免这些错误。考试之前用这类知识卡片进行复习能显著提高考试成绩。

识别这些关键知识点，并将它们整理成知识卡片，可以为你提供一个集中和可管理的学习资源，成为你的知识宝库，帮助你高效学习。

4.1.2 制作卡片：实体便携更好用

知识卡片这种工具我很早就教过女儿，她觉得很好用。有次她拿着知识卡片去学校，被周围的朋友看到了，就顺势把这个工具教给了身边的几个好朋友。

她有个朋友胡同学觉得这个工具不错，回家后也学着制作自己的知识卡片。不过，胡同学发现制作实体知识卡片的工作量有点大，需要手写很多资料。

她就搜索平板电脑里的应用，发现有知识卡片的相关应用，于是就用平板电脑制作知识卡片。这样制作知识卡片确实节省了不少时间，然而出现了新问题。

首先是影响睡眠，晚上睡觉前用平板电脑学习知识卡片上的内容，平板电脑发出的蓝光影响她入睡。以前她躺下5分钟就能睡着，现在大概要半个小时。

其次是碎片化时间的利用。例如在公交车上，平板电脑的体积有点大，在公交车上站着拿出来看不方便。

另外，胡同学每次用平板电脑找知识卡片的时候，很容易被平板电脑里其他的应用程序吸引，会不由自主地点开休闲娱乐类应用，等回过神来才发现本可以用来复习的时间被浪费了。

后来胡同学把这件事告诉女儿，女儿说她曾经也想过用平板电脑或手机等电子设备做知识卡片，但被我制止了，理由是得不偿失。

用电子设备制作知识卡片虽然有其好处，例如做起来更快，不占空间，整理起来更方便，而且随时可以把所有的知识卡片携带在身上，但其缺点也很明显，例如影响睡眠、无法利用碎片化时间进行学习和电子设备上的其他内容可能吸引我们的注意力。

电子卡片　　　实体卡片

工欲善其事，必先利其器。制作知识卡片前，首先要精心准备材料。选择优质的卡片和适当的书写工具能够改善知识卡片的使用效果。

制作知识卡片时，我推荐选择实体卡片。常见的有白色卡片、彩色卡片或任何其他类型的纸卡。彩色卡片可以用于区分不同的主题或类别。

知识卡片要适合携带和存储，可以根据自己常穿的衣服口袋大小选择知识卡片的尺寸，以刚好能放进口袋里为宜。

务必要选择质量好的卡片，材质可以偏硬一些，确保卡片在长期使用中不会被轻易磨损或撕坏。

挑选知识卡片是个技术活。

多年前，我在女儿学校门口给她买过一种知识卡片。因为有外包装，摸不到纸面的材质，隔着包装摸起来觉得纸质挺硬，就买了。

回家后女儿埋怨我，说拆开外包装后，发现这个知识卡片的表面有一层塑封膜,她平时用的笔没法儿在上面写字。

于是我特意买了一种油性笔,倒是能在上面写字了,但笔迹印在那层膜上,一不小心就会被抹掉。

我试着把字迹晾干,效果虽然好了一些,但稍一用力笔迹还是会被抹掉。有些知识卡片的设计者可能没考虑过使用者的感受。

选择适合写知识卡片的笔也很重要,我推荐用长期不褪色的笔来写知识卡片,如油性笔。如果知识卡片全部选择白色的,可以使用不同颜色的笔来区分不同学科的知识,或者用不同类型的笔突出不同的关键知识。

可以使用荧光笔来做标记,突出关键词汇或重要概念。还要准备好知识卡片的存放装置,例如卡片盒、卡片环或特定的文件夹,以便于整理和复习。

知识卡片有两面,其中一面写关键知识点。根据前文中介绍的类型,关键知识点可以是一个具体的问题、一个术语、一个特定日期、一个重要公式或一个关键概念的描述。

描述关键知识点时用词要清晰、精准、直接,避免模糊不清的表述。例如,"牛顿第一定律"就比"牛顿定律"要好,"勾股定理"就比"计算直角三角形的边长公式"要好,"1937年7月7日"就比"1937年"要好。

在卡片的另一面写上针对关键知识点的答案或解释。这里需要注意，知识卡片的空间有限，尽管需要全面展示信息，但答案或解释还是应该尽可能简洁，避免呈现过多冗余信息，以便于快速记忆和复习。

例如，正面写有"1937年7月7日"的卡片，其背面信息如果详细写可以是这样的：

历史上7月7日发生过的最重大事件是1937年日军发动的"七七事变"（亦称"卢沟桥事变"），日本开始全面侵华，揭开了中国全面抗战的序幕。

1937年7月7日夜，卢沟桥日本驻军在未通知中国地方当局的情况下，在中国驻军阵地附近举行所谓军事演习，并谎称有士兵失踪，要求进入北平西南的宛平县城（今卢沟桥镇）搜查。中国驻军拒绝了这一无理要求，日军攻击中国驻军，中国驻军第29军37师219团奋起还击，进行了顽强的抗争。宛平县城的枪声掀开了全民抗日的序幕。

但如果简化写，可以是这样的：

七七事变（卢沟桥事变），日本开始全面侵华，揭开了中国全面抗战的序幕。

日军谎称士兵失踪，要求进入北平西南的宛平县城（今卢沟桥镇）搜查。中国驻军拒绝，遭日军攻击。中国驻军第29军37师219团顽强抗争。

制作知识卡片可能需要耗费一些时间，不要觉得烦，这个过程本身也是一种复习。做知识卡片的时候，要集中注意力。通过制作知识卡片，我们可以系统地把知识复习一遍。

4.1.3　使用卡片：多种场景下应用

我女儿刚开始用知识卡片的时候，不知道如何整理收纳，做完的卡片随处乱扔；实施睡眠学习法时，用完的卡片随意扔在床上，睡前整理床铺的时候又随手乱丢，下次想用的时候，要花很长时间寻找。

那段时间她经常问我："爸爸，你有没有看到××知识卡片？"我常常回她："你怎么自己不整理好呢？"这样一来二去，她被我不厌其烦的絮叨逼得养成了整理知识卡片的习惯。

制作好知识卡片后，要归类整理好。存储和整理知识卡片的方式可以根据你的空间、需求以及习惯来选择，比较常见的方式有五种，如图4-2所示。

```
                    分类盒存储
                   /         \
          透明袋或相册      挂墙式展示
                 |              |
            旋转卡片架 ——— 文件夹/档案袋
```

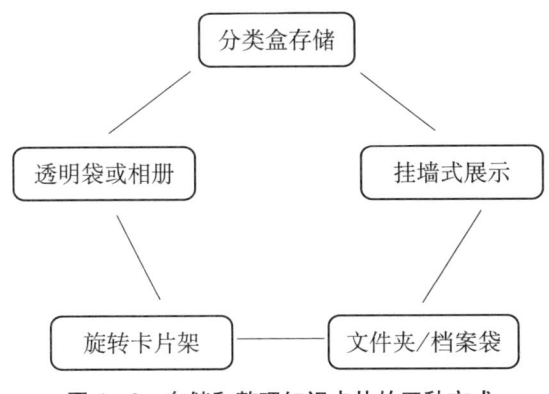

图 4-2　存储和整理知识卡片的五种方式

1. 分类盒存储

准备一个或多个卡片盒，盒子可以按主题、日期或任何其他标准分类。在每个盒子内使用分隔片来进一步整理归纳，比如可以按照卡片的学科、优先级或复习频率来分类。可以为每张卡片添加索引号或颜色标签，以便快速定位。

2. 挂墙式展示

可以在墙上设置一个大的布告板或使用弹力绳网。将卡片用图钉或夹子固定在布告板上，或夹在绳网之间。也可以试着将卡片按照时间线、思维导图或流程图的方式排列，以视觉化的方式展示知识结构。

3. 文件夹/档案袋

可以使用文件夹或档案袋来存放卡片，每个文件夹或档案袋内装一个主题的卡片，在文件夹或档案袋中使用塑料袋来进一步细分不同主题的卡片。如果你习惯把知识卡片和其他类型的文档一起存放，推荐使用这种方法。

4. 旋转卡片架

可以使用旋转卡片架来存放知识卡片。这种架子可以用硬纸板、木板或其他手工材料制作，可以让我们从多个角度看到知识卡片，便于快速浏览和选择。

5. 透明袋或相册

可以使用透明袋或相册来保护和存储卡片。这种方法不仅可以防尘、防潮，还可以一目了然看到卡片内容，适合那些想要使卡片保持整洁、有序且容易翻阅的人。

每种归纳整理知识卡片的方式都有其优点和缺点，我们可以根据自己的学习空间、需求和习惯选择适合自己的一种或几种组合方式。注意，归纳整理知识卡片的目的是便于我们存取使用，提高效率，减少时间浪费，而不是图好看。

为方便查找，存档知识卡片的时候一定要分类。知识卡片一般按照学科分类，在学科之下，可以再按照主题或章节进行分类。不同类别的知识卡片使用不同颜色或在卡片上添加标签索引，可以帮助我们快速识别和分类。

知识卡片特别适合在一些碎片化的时间使用，它可以使我们高效利用零星时间进行学习或复习。常见的利用碎片化时间学习知识卡片的情况有六种，如图4-3所示。

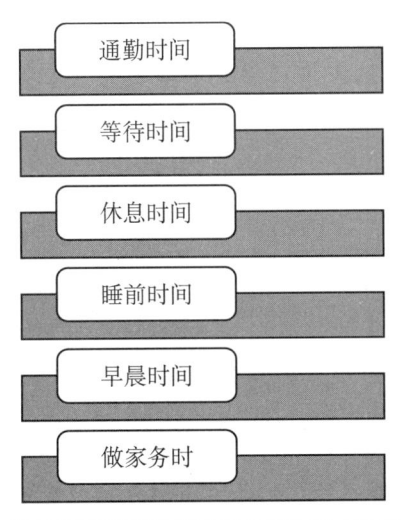

```
通勤时间

等待时间

休息时间

睡前时间

早晨时间

做家务时
```

图 4-3　常见的利用碎片化时间学习知识卡片的六种情况

1. 通勤时间

我女儿学校里住得比较远的同学，每天上学和放学的通勤时间超过 2 小时，2 小时能做很多事。很多同学上学和放学时的通勤时间都被浪费了。如果有知识卡片，就可以将这段时间转化为学习时间。

2. 等待时间

每天等公交车、地铁、排队打饭等零散时间，往往是无法预测的，但加在一起的总时间也不少。随身携带一小套知识卡片，利用这些零散的等待时间快速进行复习，也是一种充分利用时间学习的方法。

3. 休息时间

虽然不建议在课间休息时间进行系统学习，但课间是零散复习少量知识的好机会。一段时间的集中学习后可以休息，休息过后可以拿出知识卡片来快速复习刚才学习的知识。当然，如果课间 10 分钟你想全身心地休息也没关系，可以在散步的时候、运动后休息的时候学习。

4. 睡前时间

实施睡眠学习法的睡前时间，当然是使用知识卡片的好时机。如果睡觉前学习大量知识，我们很可能抓不住重点，还可能影响睡眠。睡前用 10 分钟看知识卡片，重点明确，可以增强记忆，让大脑在睡眠中进一步处理这些信息。

5. 早晨时间

早晨刚起床后可以延续昨天晚上的复习进程，继续应用睡前使用的知识卡片进行学习。除了早晨刚起床的时间，吃早餐的时候也可以在桌子上摆几张知识卡片，一边吃一边让大脑做"热身运动"。

6. 做家务时

放学回家帮助家长做家务时可以利用间隙时间进行一些简单的复习。比如刷碗的时候，可以拿几张知识卡片摆在厨房，卡片的正面对着自己，一边刷碗一边回忆知识卡片背面的信息。

这里务必要注意的是，不论在何种场合下应用知识卡片，安全是第一位的，一定要以保证人身安全为前提。比如，过马路时不要低头看知识卡片。

不要忘了知识卡片的更新。随着学习的不断深入,有些知识卡片上的信息可能需要更新,添加一些新的信息,或者修改那些不准确或过时的内容。在学习过程中获得的新知识随时可以整合进现有的卡片中,或者通过制作新的卡片来记载这些新知识。

定期评估使用卡片的效果。哪些卡片有助于你的学习?哪些似乎不太有效?基于上述评估,对卡片内容或学习方法进行调整。例如,对于难以理解或记忆的内容,可能需要更详细的解释或更多的实例。

你可能发现一些卡片上的表述可以更清晰。不断改进卡片的内容和表述方式,可以提高学习效率。学习是一个不断深化的过程,有效的学习方法在不同时间可能会有所不同。随着学习内容的变化,知识卡片也应相应调整。

4.1.4 多元应用:灵活使用效果好

知识卡片除了可以用在个人实施睡眠学习法或充分利用碎片化时间上,还可以用在许多其他的场景。比如,知识卡片可以在学习小组或同学间的交换和互动中使用。这样不仅增加了学习方式的多样性,还促进了团队合作和深入了解。

常见的多样化应用知识卡片的形式有三种,如图 4-4 所示。

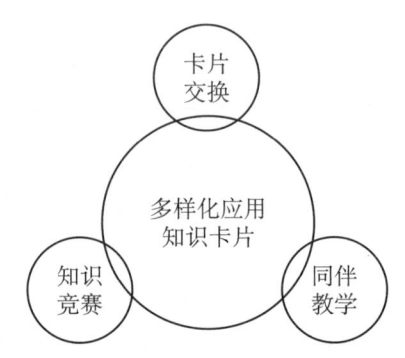

图 4-4 常见的多样化应用知识卡片的三种形式

1. 卡片交换

定期组织学习小组会议，可以每周 1 次或每两周 1 次。要求每个学习小组成员制作关于其正在学习知识的知识卡片。卡片应写有关键知识点、要点解释或任何有助于理解关键知识点的信息。

鼓励小组成员在卡片设计上发挥创意。可以使用颜色编码、图像或表格来使卡片上的信息更易于理解和更具有吸引力。这样做能激发创造力和个人表达欲。

小组成员可展示自己制作的知识卡片，并通过抽签或自由选择等方式进行交换。每个人都会得到其他成员制作的卡片，这也是接触新知识或复习的机会。

交换卡片后，小组成员可以针对卡片内容进行讨论。这是一个分享见解、解答疑惑和深入探讨知识的好机会。在整个过程中，小组成员可以提问、给出反馈或分享与卡片内容相关的经验和理解。

为了确保每个人有持续参与的动力，可以设立一些难度不大的挑战、易达成的目标及各类奖励，比如"最具创意卡片奖"或"最受欢迎卡片奖"。这可以鼓励小组成员在制作卡片时更加投入和有所创新。

每次小组会议结束的时候要进行总结，讨论这种学习方式的效果，以及如何改进卡片制作和交换过程。小组成员也可以讨论从交换的知识卡片中学到了什么，以及如何将这些新知识应用到自己的学习中。

这种交换卡片学习的方式，不仅能够使学习小组成员共享和扩展知识，还能增强成员间的联系，形成互助、合作和创新的学习氛围。

2. 同伴教学

知识卡片可以作为同伴之间相互教授和学习的工具。每个同伴可以准备若干知识卡片，这些卡片是自己平常用的，上面是已经掌握的知识。

在同伴教学活动开始时，可以将参与者分成小组，每组成员数量可以根据实际情况调整。分组旨在促进交流和互动。

在每个小组中，成员轮流担任"教师"的角色，使用大家准备的知识卡片向其他成员讲解相关概念或信息。

"教师"每次讲完后，应鼓励大家提出问题，进行讨论。这个环节可以帮助小组成员加深对卡片上知识内容的理解。

"教师"在讲解后可以主动要求其他成员进行反馈。这些反馈可以是关于讲解方式的建议，也可以是对卡片内容的补充或纠正。

随着活动的进行，每个成员都有机会担任"教师"和"学生"的角色。这种角色转换既可以增强参与感，还可以帮助小组成员从不同的视角理解知识。

活动的最后，可以安排一个总结环节，让成员分享他们在教学和学习过程中的感受和收获。这也是一个相互鼓励和表扬的好机会。为了保持活动的活力和效果，可以定期更换教学主题，或者引入新的教学方法和技巧。

知识卡片作为一种学习工具，可以成为促进沟通、理解和共同进步的媒介。每个人既是教师也是学生，这种角色的转换能够增强学习体验，有效地提高学习者的积极性和参与感。

3. 知识竞赛

知识卡片还可以作为一种以群体为单位的，将学习与娱乐相结合的创新道具，从而增加学习的互动性和趣味性，激发同学们的竞争意识和团队协作精神。例如，年级或班级组织的知识竞赛就可以用到知识卡片。

组织知识竞赛时，首先应准备一系列涵盖不同主题和难度级别的知识卡片。这些卡片可以由所有参与人员共同制作。

将参与者分成小组，每组2～5人。每个小组可以指定一名队长负责协调团队的答题策略。

然后确定比赛的规则和流程。比如，可以设定时间限制，规定抢答得分的方式或者轮流回答的方式。比赛规则应当明确且简单明了，以便所有参与者都能理解且遵守。

比赛可以包括多个轮次，每轮选取不同的知识卡片。提问者（可以是组织者或非参赛成员）念出卡片上的问题，各组抢答或轮流答题。每次答对都能为小组赢得分数。

为了增加比赛的趣味性和互动性，促进小组成员对知识的理解和增强团队的沟通，也可以在提出某个问题后，鼓励小组成员进行讨论，分享不同的观点和答案。

当然，也可以根据答题的准确性和速度给予小组积分。为鼓励大家参与，有必要设定奖励机制，比如每轮胜出的小组可获得一个奖状或小礼品。

比赛不是目的，目的是促进学习，所以应本着友谊第一、学习第二、比赛第三的原则。比赛结束后，同样要做总结并进行反馈。比如专门进行一次总结复盘会。在这个环节中，参与者可以分享学习经验、策略和收获。同时，组织者可以对整个活动给予反馈。

为保持活动的新鲜感、趣味性和有效性，可以持续改进，定期更换卡片内容，增加新的竞赛元素，例如采用快速火车轮赛制、主题挑战赛等。

通过知识竞赛的形式，知识卡片不仅可以作为个人学习的工具，还可以成为促进竞争、激励学习和增进团队协作的

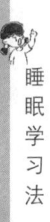

载体。这种互动和竞争的结合能够极大地提高学生的学习动力和效率，同时也可以为传统的学习方法带来更多趣味和创新。

4.2　记忆方法：这样记能事半功倍

睡眠学习法强调高效学习。所谓高效学习，就是用比较短的时间学会想学的知识。背诵和记忆一直是很多同学的老大难问题。有的同学看了无数遍书，重复、重复、再重复，要么还是没有背下来，要么就算背下来了，也花费了大量时间，学习效率低。如果能掌握高效的记忆方法，就能在较短时间里记住大量知识，让学习事半功倍。

4.2.1　思维导图：结构化记忆

思维导图通过视觉呈现信息，能帮助学习者建立概念之间的联系，从而加强记忆，是实现快速记忆的一种高效方法，尤其适用于整合大量知识。

如何利用思维导图实现快速记忆呢？可以参考如下五个步骤，如图4-5所示。

确定中心主题　添加主要分支　细化分支　使用图像和符号　定期复习和更新

图4-5　利用思维导图实现快速记忆的五个步骤

1. 确定中心主题

确定中心主题是首要步骤，它是整个思维导图的基础和起点。这个中心主题或概念就像是一棵树的根，所有的分支和信息都从它发展出来。中心主题要足够宽泛，能覆盖整个想要学习的领域，同时又要足够具体，能够指导你的思考方向。

在思维导图的中心写下核心主题或概念时，可以选择一个明确且具有代表性的短语。这个短语应该能准确概括整个思维导图的主题。例如，如果你正在学习生物学中的细胞结构，那么"细胞"可能就是一个合适的中心主题。

中心主题为你接下来要添加的所有信息提供了一个清晰的焦点和方向。所有的分支和细节都应该直接或间接地与这个中心主题相关联。因此，思维导图不仅是信息的集合，而且是一种展现概念间相互关系和层级结构的工具。围绕中心主题来构建思维导图，你可以更有效地组织和处理信息，从而实现快速记忆。

2. 添加主要分支

从中心主题延伸出的主要分支，代表着与中心主题相关的主要概念。例如，如果中心主题是某个历史事件，那么主要分支可能包括"背景""主要事件""关键人物""结果与影响"等。每个分支都为理解整个历史事件提供了不同的视角，而这种多角度的理解又促进了对整个主题更深入的记忆。

每个分支都应直接与中心主题相关联，并且分支之间应当有逻辑上的联系。这种结构安排既有助于清晰地呈现信息，又有助于记忆和理解。逻辑性强的结构使得思维导图不仅是信息的集合，更是知识的网络，各部分互相支持和补充。

3. 细化分支

细化分支是指在每个主要分支下添加更多的详细信息或更多的分支。这样做的目的是把大的概念或主题分解成更易于理解和记忆的内容。

这些细化的分支可以包含各种类型的信息，如具体例子、详细定义、重要日期、关键人物、影响评估、应用案例等。

例如，如果一个主要分支是"全球变暖的影响"，那么细化分支可能包括"海平面上升""极端天气增加""生物多样性减少"等。在这些细化分支中，可以进一步添加具体的统计数据、影响的地区、具体影响案例等信息。

借助这样的思维导图我们能够快速识别和回顾信息，深入理解每个概念。这种细化有助于揭示信息之间的内在联系,使得记忆更为自然和有效。我们可以主动思考和整合知识,而不是被动地接收信息。

4. 使用图像和符号

在利用思维导图实现快速记忆的过程中,图像和符号是一个强化记忆和加深理解的有效手段。人脑对视觉元素的处理通常比对纯文本的处理更加高效,因此,在思维导图中加入一些视觉元素可以显著提升对信息的记忆效率。

在思维导图中使用图像和符号可以让我们以一种更直观的方式来理解和记忆复杂的信息或概念。例如,如果你正在创建有关人体系统的思维导图,可以使用不同的图标来表示不同的系统(如心脏的图标代表循环系统)。

此外,颜色也是一个重要的视觉工具,颜色编码可以增加思维导图的视觉吸引力。通过在思维导图中的不同部分使用不同的颜色,区分不同的主题或概念,从而使信息呈现得更加清晰。

图像和符号可作为知识的视觉提示。当你在复习或尝试回忆思维导图中的信息时,这些视觉元素可以快速触发相关联的记忆,从而加速回忆过程。这在准备考试或进行快速复习时尤其有用。

5. 定期复习和更新

要定期复习和更新思维导图。由此,思维导图可以成为一个不断发展的学习工具，适应学习中的各种需求和变化。

定期复习思维导图是加深记忆的一个关键步骤。每次回顾思维导图时，你都有机会重新整理和巩固其中的信息。这种复习可以是直接看思维导图，也可以是进行更主动的学习活动，例如基于思维导图的内容做自我测试或与同学讨论。

随着对知识理解的加深，定期更新和完善思维导图也很重要。在学习过程中，你可能会遇到新的信息，或者对某些概念有更深入的理解，要记得将这些新的见解纳入思维导图中。例如，你可以在思维导图中添加新的例子、最新的研究成果，或者对某些内容进行重新编排，以更好地反映信息之间的关系。

用好上面这些步骤，思维导图就能够成为一个强大的记忆工具，帮助我们深层次地学习和理解知识。没有逻辑的知识、复杂的概念、大量的信息或需要整合多个信息之间关联性的情况，比较适合通过思维导图进行记忆。

4.2.2 主题记忆法：只需要记关键信息

女儿在学习语文和英语的时候，对老师要求背诵的课文很发愁。有时候一篇文章读很多遍也记不住。

女儿说虽然她能感受到文章意境，但毕竟不是自己的生活经验，也不是自己写出来的，虽可以感悟但无法体悟。大脑对这些文章仿佛有种排斥反应，总觉得不是自己的，就没必要去记忆。

我表扬她可以感悟这些文章的意境，这说明她还是尝试去理解记忆的，而不是一上来就死记硬背。看来她只是在背诵这类内容时缺少一些技巧。

我教给她一种方法——主题记忆法。她用了这种方法后，记忆效率果然提高了不少。

主题记忆法，也叫关键词记忆法，指的是背诵记忆的时候，可以优先记忆文章中的关键词，然后用关键词贯穿全文。关键词相对比较容易记忆，把记住的关键词衔接在一起，就比较容易回忆想要记住的文章了。

以《荀子》中的《劝学》为例，其原文节选如下，对其中的关键词我标了下划线。

君子曰：学不可以已。青，取之于蓝而青于蓝；冰，水为之而寒于水。木直中绳，輮以为轮，其曲中规，虽有槁暴，不复挺者，<u>輮</u>使之然也。故<u>木</u>受绳则<u>直</u>，<u>金</u>就<u>砺</u>则<u>利</u>。君子<u>博学</u>而日<u>参省</u>乎己，则知<u>明</u>而行无过矣。

吾尝<u>终日</u>而<u>思</u>矣，不如<u>须臾</u>之所<u>学</u>也；吾尝<u>跂</u>而<u>望</u>矣，不如<u>登高</u>之<u>博见</u>也。登高而招，<u>臂</u>非加长也，而<u>见</u>者<u>远</u>；顺风而呼，<u>声</u>非加疾也，而<u>闻</u>者<u>彰</u>。假<u>舆</u>马者，非<u>利足</u>也，而<u>致千里</u>；<u>假舟楫</u>者，非能<u>水</u>也，而<u>绝江河</u>。君子<u>生</u>非<u>异</u>也，<u>善假于物</u>也。

积<u>土成山</u>，风雨兴焉；积<u>水成渊</u>，<u>蛟龙生</u>焉；积<u>善成德</u>，而<u>神明自得</u>，<u>圣心备</u>焉。故不积<u>跬步</u>，无以<u>致千里</u>；不积小流，无以成江海。<u>骐骥</u>一<u>跃</u>，不能<u>十步</u>；<u>驽马十驾</u>，功在<u>不舍</u>。<u>锲</u>而舍之，<u>朽木不折</u>；<u>锲</u>而<u>不舍</u>，<u>金石可镂</u>。<u>蚓</u>无<u>爪牙</u>之利，<u>筋骨</u>之强，上食<u>埃土</u>，下饮<u>黄泉</u>，<u>用心一</u>也。<u>蟹六跪而二螯</u>，非<u>蛇鳝之穴无可寄托</u>者，<u>用心躁</u>也。

如果想背诵英语文章，同样可以运用主题记忆法。下面这篇英语文章中的关键词，我标了下划线。

I <u>wonder</u> if it's because I haven't been able to be <u>outdoors</u> for so long that I've <u>grown so crazy</u> about everything to do with <u>nature</u>. I can well <u>remember</u> that there was a time when a <u>deep blue sky</u>, the <u>song of the birds</u>, <u>moonlight and flowers</u> could never have kept me spellbound. That's <u>changed</u> since I was here.

...For example, when it was so <u>warm</u>, I <u>stayed awake</u> on purpose until <u>half past eleven one evening</u> in order to have a good look at the moon for once by myself. But as the moon gave far too much light, I didn't dare open a window. Another time some months ago, I happened to be upstairs one evening when the window was open. I didn't go downstairs until the window had to be shut. The dark, rainy evening, the wind, the thundering clouds held me entirely in their power; it was the first time in a year and a half that I'd seen the night face to face…

…Sadly…I am only able to look at nature through dirty curtains hanging before very dusty windows. It's no pleasure looking through these any longer because nature is one thing that really must be experienced.

运用主题记忆法之前，首先要通读几遍文章，在理解要背诵或记忆的文章内容后，对文章中的主要信息进行分类，找出其中的关键信息。

例如在学习历史的时候，虽然课本中有大量的内容描述，但仍然可以将信息按时间、地点、事件或关键人物进行分类。时间、地点、事件、人物等就是关键词。

通常，关键词可以分为以下三类。

1. 专有名词或术语。这些词往往与文章的主题密切相关，比如人名、地名、专业术语等。它们是文章特定信息的核心。

2. 动词和比较精准的形容词，特别是那些表达重要动作、状态或描述性的词。这些词能够说明文章中事件的发展状况或特征。

3. 重复出现的词。文章中重复出现的词往往强调某个概念或主题,是理解文章核心思想的关键。

一般来说,以下三种类型的词不是关键词。

1. 普通连词和介词,如"和""在"等。这类词虽然在句子结构中发挥作用,但通常不表达主要信息。

2. 常见的副词和无明确意义的形容词。除非它们用于强调或特别描述,否则这类词通常不是关键信息的载体。

3. 文体性或修饰性词汇,如文学作品中的比喻、拟人等修辞手法所用的词汇,除非它们对解释全文有重要作用。

总的来说,关键词通常是那些能够帮助读者抓住文章主旨、理解文章结构和内容的词汇。缺了关键词,文章的意义或主旨就无法表达了。而非关键词则是那些在文章中起连接、修饰作用,对阅读和理解文章整体意义并非必要的词汇。

运用主题记忆法的时候要注意,每个人对关键词的理解不尽相同,不必过分追求自己抓取的关键词是否"正确"。这个方法的关键不是追求"正确",而是运用这种方法后,你是否更容易背诵知识了。

4.2.3 关联记忆法:记不住时的好选择

有一次我跟女儿一起看综艺节目《最强大脑》,节目里有一些天才少年能在很短时间内记住大量毫无意义的信息。

女儿惊叹："节目里那些人的大脑结构是不是和正常人不一样？"

我笑笑说："当然不排除他们天赋异禀的可能性，不过我以前看过一本讲快速记忆的书。书里介绍的记忆比赛常用的记忆方法能让人在短时间内记住大量无关的信息，就像节目中的那种效果，这种记忆法叫关联记忆法。"

后来，很多参与《最强大脑》节目录制的天才少年向媒体公开了自己的记忆方法，他们中的很多人用的就是关联记忆法。

女儿学会后，把这种方法纳入自己的记忆法小仓库中，在一些适合的场合应用。

关联记忆法，也称为联想记忆法，是一种在信息之间建立联系的记忆技巧。这种方法利用人脑天生的能力，通过将新信息与已知信息或熟悉的概念相联系，来加强记忆和回忆。

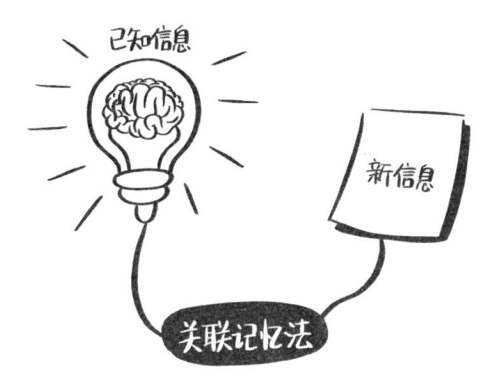

关联记忆法的核心在于创建新信息和旧信息之间的"桥

梁",在大脑内形成某种链接。这些链接可以是逻辑上的、情感上的,也可以是基于感官的(如视觉、听觉等)。这种方法提高了对信息的加工深度,通过深层次的联想加工来加强记忆。

举个例子,比如现在要记忆一组毫无关联的信息:(1)太阳;(2)兔子;(3)台灯;(4)海滩;(5)蝴蝶;(6)大树;(7)草莓;(8)房子;(9)电脑。你可以在30秒的时间内记住这9个信息,且当我说出其中某个数字的时候,你能快速答出这个数字对应的事物是什么吗?你可以先停止阅读,自我测试一下。

要快速记住这9个信息,而且顺序不能错。首先要在开始记忆前,在大脑中把1~9变成某个事物的画面,比如,1像铅笔,2像鸭子,3像耳朵,4像小旗,5像秤钩,6像哨子,7像镰刀,8像麻花,9像蝌蚪。根据每个数字像的那个事物,来构建出9个数字对应事物的画面。

然后,在脑中想象1像铅笔,对应着太阳,铅笔和太阳关联在一起可以构成一幅什么画面呢?比如,可以是一个拟人化的太阳公公形象在削铅笔;也可以是一个拟人化的铅笔形象在大太阳底下直冒汗。

2像鸭子,对应着兔子,鸭子和兔子关联在一起可以构成一幅什么画面呢?比如,可以是一只鸭子在水里游泳,兔子骑在鸭子的背上;或者可以想象一个童话故事,龟兔赛跑,兔子输给了乌龟之后又来和鸭子比赛,它们站在起跑线上正准备开始跑。

3像耳朵，对应着台灯，耳朵和台灯关联在一起可以构成一幅什么画面呢？比如，可以是台灯在跟耳朵喊话说"你该睡觉了"；或者可以是耳朵对台灯说"你怎么来找我玩了，你跟眼睛不是好朋友吗？"。

....

在大脑中构建出 9 幅画面之后，再说起一个数字的时候，我们就可以迅速回忆起，2像鸭子，鸭子的那幅图画的是什么来着？对了，是鸭子游泳的时候驮着一只兔子；或者鸭子在跟兔子比赛。那 2 是什么来着？是兔子！

运用关联记忆法的时候要注意三点，如图 4－6 所示。

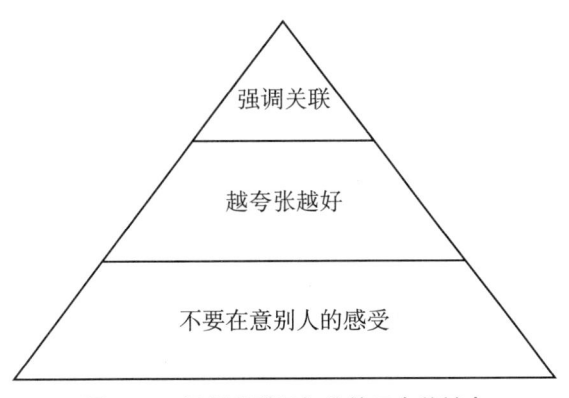

图 4－6　运用关联记忆法的三个关键点

1. 强调关联

关联记忆法强调事物之间的关联，运用关联记忆法的关键是把要记忆的事物和自己已知的、熟悉的、已经牢记于心的事物关联在一起。不要把准备背诵和记忆的知识与自己不熟悉的事物关联。

比如前面例子中，假如大脑中并不认为 1 像铅笔，之前压根没有这个概念，强行将铅笔和太阳作关联，很可能没有效果。能够回忆起 1 是太阳的逻辑，是看到 1 想到铅笔，然后想到跟铅笔相关的那幅画面。

2. 越夸张越好

关联记忆法需要联想一些画面，画面中要包含已知的事物和自己要记忆的事物。画面最好是比较夸张的，因为平淡无奇的画面往往难以激起你的记忆兴趣，你不会觉得新奇、有趣。不会产生任何情绪波动，就可能记不住。

联想的画面不一定是静态的，也可以是动态的，或者有剧情的。就像龟兔赛跑中兔子输了之后又来和鸭子比赛的画面，这个画面的背后有个故事。当然，这个故事并不需要花费过多时间构思，可以是脑中很快闪现的带背景故事的动态画面。

3. 不要在意别人的感受

萝卜白菜，各有所爱。每个人的知识和经验不同，大脑中熟悉或在意的事物也有所不同。关联记忆法是一个很个性的方法，一切记忆过程都发生在你的大脑中。有的人喜欢拿自己感兴趣的事物做关联，有的人则喜欢拿自己讨厌的事物做关联。

一般来说，你不必和别人分享自己是如何记忆的。就算和别人分享自己对某个事物的关联记忆过程，如果别人感到不解，也不必担心。你的目的是让自己记住,你要考虑的是所用的方法是否适合自己。

关联记忆法有很多延伸的应用方式,其中的三种如图 4-7 所示。

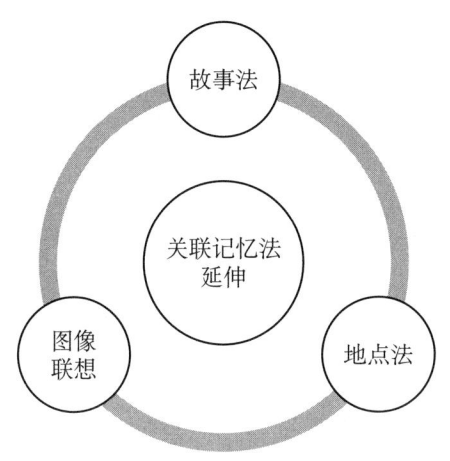

图 4-7 关联记忆法的三种延伸应用方式

1. 故事法

故事法是指将一系列信息编织成一个连贯的、易于记忆的故事。这种方法的核心在于利用人类天生喜欢听故事和记故事的本能,通过将单调的信息转化成有趣的故事,可以大大提高记忆的效率和乐趣。

例如,如果你需要记忆一系列历史事件,可以创造一个围绕这些事件的故事。这个故事可以基于实际发生的事情,也可以是纯粹的创造,关键是要确保它包含所有需要记忆的信息点。比如,讲述一段历史,可以将人物、时间、事件和地点串联起来，形成一个连贯的叙述。这样可以让历史更生动、更容易记忆。

2. 地点法

关联记忆法中的地点法，又称为"记忆宫殿法"，是一种通过将信息与特定空间或地点相关联来加强记忆的技巧。这种方法的核心在于利用我们对空间和地点的强记忆能力，将抽象或难以记忆的信息"放置"在一个虚构的空间或熟悉的地点中。

在应用地点法时，首先要构建一个虚拟的空间——可以是一个熟悉的房间、一条街道，也可以是一个完全想象中的场所，接着，可将每个想要记忆的信息片段放置在这个空间的特定位置。

例如，如果你正在尝试记忆一系列历史事件，你可以想象一座大型图书馆，其中每个书架代表一个特定的时间段，每本书代表一个具体的事件。

使用地点法的关键是要确保信息与其在空间中的位置有很强的关联性。这可以通过创造性地将信息视觉化为一个场景或物体来实现。例如，一场重要的战役可以被想象成一幅壮观的战争画，放置在图书馆的某个特定位置。

这种方法的优点在于，它允许你通过在心理空间中"漫步"来复习。当你在心中访问这些特定的地点时，存放在那里的信息就会被唤起。这种空间和视觉的关联极大地提高了记忆的持久性和回忆的准确性。

3. 图像联想

关联记忆法中的图像联想是一种通过将信息与生动、有趣的图像相关联来加强记忆的方法。这种方法特别有效，因为人脑对图像的处理能力要远远强于对文字的处理能力。通过将抽象或复杂的信息转化为具体的视觉图像，可以显著提高记忆和回忆的效率。

在应用图像联想时，关键在于创造一幅与待记忆信息相关联的、鲜明且易于想象的图像。例如，如果你试图记忆一个术语，如"光合作用"，你可以想象一个太阳用手电筒照亮一棵正在跳舞的树的图像。

这个有趣且怪诞的图像很容易记住，并且因为它的奇特性和创造性，可能会在你的记忆中留存很长时间。

这种方法在记忆抽象概念或难以直观理解的信息时尤为有用。通过将抽象概念或难以直观理解的信息与图像联系起来，抽象信息变得更加具体和易于理解。例如，记忆数学公式时，可以将公式中的每个元素想象成不同的角色或对象，以此构建一个有趣的场景或故事。

图像联想的优势在于其多样性和灵活性。你可以根据个人偏好和创造力来选择或创造图像，这使得学习过程更加个性化和有趣。

总之，关联记忆法利用人类大脑构建和加工信息网络的天然能力，通过建立信息之间的联系，提供一种极其有效的记忆增强方法。这种方法的优势在于其能显著提高记忆的乐趣和效率，强化长期记忆，且适用性强。

4.2.4 情绪记忆法：牢记知识的小窍门

我以前看过一部日本影视剧，不记得名字了。剧中女主角的学习能力和记忆力特别强，有类似过目不忘的能力。这个女主角记忆力超群的原因是她掌握了一种记忆方法——用情绪来记忆。

比如，有个桥段是这个女主角原本不懂一门外语，但为了破案，竟然仅用一个晚上的时间就掌握了这门外语的大量单词和基础语法，能够看得懂用这门外语写的图书和文章，最终她侦破了案件。

剧中特意表现了女主角学习外语的过程。只见她拿起一本书，对着书一会儿哭、一会儿笑、一会儿忧伤、一会儿恐惧。影视剧呈现出的剧情是她在看书的时候，情绪似乎有着剧烈的波动。

这一剧情虽然看起来有些夸张，但也不是毫无道理的。现实中确实有情绪记忆法这样的方法。情绪记忆法是一种利用情感和情绪来增强记忆的方法。情绪记忆法之所以好用，是因为人们更容易记住那些能给自己带来情感或情绪反应的信息。如果能把要记忆的知识与情感或情绪紧密连接在一起，记忆会特别深刻和持久。

其实，我们生活中处处是情绪记忆法有效的案例。比如，你可以尝试回忆一下，自己三天前的午餐或晚餐吃的什么。是不是不容易回忆起来？但如果我问你，你尝试回忆一下自己最近吃过的最好吃的食物是什么，你可能马上就能回答出来。而最近一次吃最好吃的食物的时间，可能离现在远远超过三天。

这就奇怪了，同样是吃东西，为什么记三天前吃的什么记不住，而远超过三天前的一次饮食经历却记得住呢？

因为我们在吃到好吃的食物或者自己一直想吃的食物时，往往伴随着内心的情绪波动，我们可能会非常开心，于是不自觉地就记住了。

而那些平平常常的一日三餐，也许不是不好吃，只是已经吃习惯了，吃的时候自己并不会产生情绪上的波动，往往很快就忘了。

如何应用情绪记忆法记忆知识呢？常见的方式有四种，如图4-8所示。

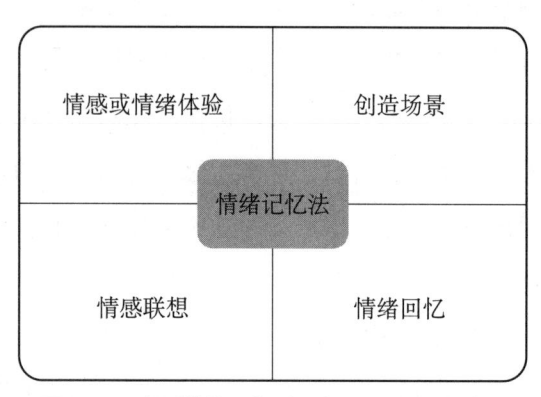

```
┌─────────────────────────────────┐
│                │                │
│  情感或情绪体验  │    创造场景     │
│                │                │
│         ┌──────────┐            │
│         │ 情绪记忆法 │            │
│         └──────────┘            │
│                │                │
│    情感联想     │    情绪回忆     │
│                │                │
└─────────────────────────────────┘
```

图 4-8　应用情绪记忆法记忆知识的四种方式

1. 情感或情绪体验

通过将学习内容与个人的经历或情感体验联系起来，来提高记忆的效率和持久性。

以历史学习为例，历史不仅仅是一系列的日期和事件，而是真实发生过的故事，其中充满了人物、情感和动态。当学习某个历史事件时，比如第二次世界大战，我们可以尝试把自己置身于那个时代。

想象一下，如果你是身处那个时期的一名青少年，生活在战争环境中，你会有怎样的感受？你可能会感到恐惧和迷茫。或许你会担心家人的安全，或许你会对战争的原因和结果感到好奇，或许你会痛恨战争。

当学习到战争中的重大战役时，可以想象自己作为一名士兵或平民在战役中的角色和感受。可以想象身处某种情境下，自己会有怎样的情绪反应，是恐惧，还是勇敢？

同样，这种方法也可以应用于其他科目的学习。例如，在学习语文或者背诵课文的时候，可以将自己置身于作者当时的情境中，感受人物的情绪，体会人物的情感变化，理解作者所书写的作品的深层含义。

2. 创造场景

通过构建一个充满情感色彩的故事或场景，可以使要学习的内容变得更加生动、有趣并易于记忆。

比如，你在学习牛顿第二定律（力等于质量乘以加速度）时，可以创造一个情境故事来帮助自己理解和记忆。

你可以想象自己是牛顿的助手，很崇拜牛顿，每次帮助牛顿做完实验都很开心。你和牛顿一起做实验，证明了牛顿第二定律。

你也可以想象自己是一名科学家，和牛顿生活在同一个时代，但你很讨厌牛顿，反对牛顿的理论。于是你要做实验找出这个理论的反证。

在这个故事中，你不再是在死记硬背公式，而是通过一个具有情感色彩的故事将理论应用于实践。你可以感受到自己在实验中的兴奋、好奇或挫败感，由于这些情绪与学习内容紧密相连，可以提高记忆的效果。

同样的方法也可以应用于其他科目。例如，学生物的时候，你可以想象自己在热带雨林中研究生态系统，周围充满了未知的危险；学化学的时候，可以虚拟一个解决复杂化学难题以拯

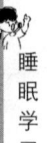

救世界的故事，想象自己获得成就感时的那种感受。

3. 情感联想

情感联想是指将新学习的知识与自己曾经强烈的情感体验联系起来，以此提高记忆的留存率。比如学习的知识中有喜悦的情绪，就回想自己喜悦情绪的经历；学习的知识中有悲伤的情绪，就回想自己悲伤情绪的经历。

例如，在读文学作品的时候，你可以将书中的关键情节或人物与自己生活中的相似情感体验联系起来。比如读莎士比亚的悲剧时，你可以回想自己生活中悲伤或失落的时刻，以此来深化对剧中人物情感的理解。

这种关联不仅可以应用在文科的学习上，学习理科的时候，也可以用情感联想。例如在学习物理中关于重力的定律时，可以把自己在游乐园体验过山车时的惊险和兴奋感与重力定律联系起来。在学习比较难的数学公式时，可以将自己曾经攻克难关后的喜悦和成就感与这些公式联系起来。

4. 情绪回忆

情绪记忆法除了利用情绪记忆（输入）之外，还包括利用情绪回忆（输出）。情绪回忆也可以作为一种复习知识的方式。在复习的时候，我们要尝试重现初次学习时的情绪状态。

例如，准备地理考试的时候，你要复习不同国家的文化和风俗。在初次学习这些知识的时候，你曾经感到好奇和兴奋，对探索不同文化背景的知识充满了热情。在复习时，如果能够重新激发这种好奇和兴奋的情绪状态，你可能会发现回忆这些信息变得更加容易了。

情绪回忆的关键在于重现那些与复习内容相关联的原始情绪。你可以通过回想学习时的情境、情绪反应或环境来实现。比如，如果你在学习一段重要的历史事件时感到震惊或敬畏，那么在复习这段历史事件时，尝试再次感受那种震惊或敬畏的情绪，可以帮助你巩固记忆。

如果在初次学习新概念的时候感到困惑或受到挑战，那么在复习时，通过回想初次面对这些概念时的感受，可以促进对概念的深刻理解和记忆。

情绪回忆之所以有用，是因为它利用了情绪和记忆之间的强大联系。通过重现学习过程中的情绪体验，你可以更有效地回忆起知识。

总之，情绪记忆法的关键在于把情感作为加强记忆的桥梁。智力上理解知识，情感上连接知识，可以使得记忆更长久。情感波动越大，情绪越强烈，记忆越深刻。回忆的时候回想当时的情感或情绪，更容易回忆起相关知识。

4.3　间隔复习：定期回顾学得好

不论是使用睡眠学习法，还是平常复习，都推荐采用间隔复习的方式。间隔复习比连续学习效果更好的原因在于它与我们的记忆和学习机制密切相关。学习过程中采用间隔复习的方式，实际上是在利用大脑的记忆原理来对抗遗忘曲线，减少认知过载，加强长期记忆。

4.3.1 间隔重复：记忆长久的秘诀

说两种情况：一种情况是，张三明天就要参加数学考试了，今天连续复习12个小时；另一种情况是，张三12天后要参加数学考试，从12天前，每天复习1个小时。哪一种情况下张三的复习效果更好呢？

答案是第二种情况。

连续长时间的学习或复习是填鸭式的学习，虽然短期内可能会提高记忆力，但长期来看效果不佳，因为它容易导致信息过载，最终会快速遗忘。相反，间隔复习的效果就会好很多。

间隔复习可以反复回顾学习内容，每次复习都可以在之前的记忆基础上进一步巩固知识。这种方法迫使大脑重新提取和加工信息，使得记忆更加牢固。间隔复习也是一种分布式学习方法。在长时间跨度内进行分布学习，记忆保留的效果会比较显著。

间隔复习还有助于减少认知负担。学习过程中的休息和间隔可以防止大脑过度疲劳，使得记忆更加可持续。间隔时间还可以给予我们思考和内化知识的机会，让知识不仅仅存储在短时记忆中。

间隔复习有三种比较常见的形式，如图 4-9 所示。

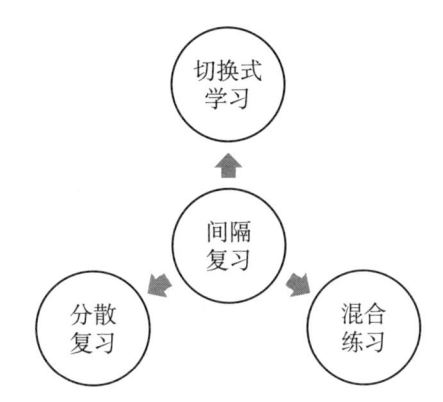

图 4-9 间隔复习的三种比较常见的形式

1. 切换式学习

切换式学习要求不拘泥于单一主题或学科。这种策略要求我们在一个学习周期内不断切换学科或主题，而不是专注于学习单一的学科。

举个例子，我们可以在连续学习数学 15 分钟后，转而投入文学作品的阅读，然后再回到数学的学习。或者每天安排一段时间，对不同学科的内容进行交叉复习，轮流复习数学、语文、物理、英语、化学等。

这种切换能够激活大脑不同的区域，增强思维的灵活性。多样化的学习活动能够提升大脑不同区域的活跃性，有助于提升我们的创造力和解决问题的能力。

切换式学习有助于建立不同学科之间的联系。比如，解决数学问题可能需要一定水平的创造性思维，而这正是文学阅读所能提供的。同样地，文学分析中的逻辑结构或许可以从数学思维中构建。这种跨学科的思维方式不仅可以使我们加深对每个学科的理解，还培养了更高层次的认知技能。

此外，切换式学习有助于提高记忆力。当大脑在不同类型的任务间切换时，我们需要更积极地处理和存储信息，这能增强记忆的稳固性。这种学习方式避免了单一任务的重复性和单调性，有助于激发学习兴趣和提升学习积极性，从而提高学习效率。

2. 混合练习

不同学科之间可以进行切换式学习，同一学科内容可以进行混合练习。混合练习与传统的连续单一的练习方式不同，是交错进行不同概念、技能或练习类型的学习。以数学为例，通常的学习方式是依次深入学习，比如先学习代数，再转向几何，最后是统计。

但在混合练习中，我们可以让这些领域的内容交错出现。我们可以模拟一场测试，先解决几个代数问题，然后转到几何，接着是统计，最后再回到代数。这种混合练习有利于更综合、更灵活地进行学习。

除了学科内部的知识区分，混合练习还可以用在不同学习方式之间的混合。例如，在阅读课本一段时间后，可以看看笔记，看过笔记后，可以做几道练习题，做完练习题后，可以与同学相互讨论，涉及动手实践的，还可以在讨论后实践一下。

这种练习方式能够迫使大脑不断适应新的问题类型。在不同类型问题间切换时，我们需要积极回忆并应用不同的概念和解题策略，这有助于加深对每个概念的理解，并提升知识在不同情境下转换运用的能力。

3. 分散复习

分散复习是指在不同的时间段复习知识。我们在学习新知识后，在接下来的几天或几周内可以定期回顾。

比如，假设我们在周一学习了一个新的数学概念，不要在当天反复复习，我们可以选择在周三和周五分别温习这个概念。

分散复习能够使我们记得更牢。当知识在一段时间内被多次温习，大脑会将其视为更为重要和必需的信息，从而会更有效地将其储存到长时记忆中。这种方式对于避免遗忘非常有帮助。

虽然刚开始分散复习的时候，我们可能会感觉这样将消耗更多的时间和精力，但长远来看，它减少了总体学习所需的时间。因为信息被有效地保存在长时记忆中，所以不需要在考试前焦虑地进行突击复习。

总之，采取切换式学习、混合练习和分散复习的形式，我们可以有效地利用大脑的学习机制。这种学习方式有助于我们更好地管理学习时间、避免疲劳，同时改善学习效果。

4.3.2 复习周期：艾宾浩斯记忆法

前文提到过艾宾浩斯遗忘曲线，这条曲线告诉我们记忆随时间的流逝而逐渐减弱。既然如此，我们要注意复习的周期。

根据艾宾浩斯遗忘曲线的原理设定的记忆方法，叫艾宾浩斯记忆法。这里需要注意，艾宾浩斯遗忘曲线是基于实践得出来的，我们在设置复习周期的时候，利用的是这个原理，而非严格按照艾宾浩斯遗忘曲线的时间点来设置复习时间。

实施艾宾浩斯记忆法，可以进行 6 次复习，可以按照下面的时间安排和设置来进行。

1. 第 1 次复习：初次学习后的 24 小时内

第 1 次复习主要是巩固新学的知识，核心在于重新阅读和整理笔记，确保对知识的初步理解和记忆。可以将初次学习的内容转换成更加结构化和易于记忆的形式，以便为后续更深入的学习和理解打下坚实的基础。

开始时，你可以快速阅读之前学习的内容，刷新记忆，同时这也能帮助你识别哪些部分你已经掌握得很好，哪些部分可能需要更多关注。在阅读时，注意标记那些特别重要或难以理解的部分，这样在后续的复习中你可以直接定位到这些关键点。

接下来，是整理笔记的环节。回顾你在学习时做的笔记，重新组织和结构化这些信息。除了简单地记录，还要对信息进行加工和重组。例如，你可以将笔记重新整理成列表或思维导图的形式。如果对于某些内容你感到困惑，要做好标记。

这个阶段是进行反思和自我评估的好时机。思考哪些内容你已经理解得很清楚，哪些内容还需要进一步学习。这种自我评估将帮助你在后续的复习中更有针对性。

2. 第 2 次复习：第 1 次复习后的 2 天内

第 2 次复习的核心转向了自我测试和讨论，要关注理解和应用。这个阶段的目的是进一步巩固记忆，并从不同视角加深对内容的理解。这种复习方法使得学习过程更加动态和有互动性，从而提高了学习的效果和乐趣。

自我测试可以帮助你明确了解自己哪些知识已经掌握得很好，哪些还需要进一步加强。自我测试的方法有很多，知识卡片就是其中的一种。你可以通过做知识卡片，测试自己有没有记住，同时又能做到快速复习。

利用在线资源进行自我测试也是一个好方法。许多在线平台提供与学习内容相关的测验或测试，这些测试通常涵盖了各种类型的问题，如选择题、填空题、简答题。在线测试的即时反馈可以帮助你迅速了解自己的强项和弱点。

另一个重要的方法是参与讨论。如果可能，加入学习小组或与同学进行讨论。在讨论过程中，你可以分享自己的理解，听取他人的观点。讨论可以引发更深层次的思考，帮你发现知识理解上的盲点。

3. 第 3 次复习：初次学习的 1 周后

在初次学习后大约一周的时间里，可以试着通过教授别人和案例应用来完成复习过程。其原理是通过教学和实践来加深对知识的理解和记忆。

通过教授别人和案例应用，你的学习不再是被动地接收信息，而是变成了主动和互动的过程。学习变得更加生动和有意义，你会感受到自己所学知识的价值。

尝试向别人解释你所学的内容，或者尝试教别人，这个过程被称为费曼学习法。理查德·费曼（Richard Feynman）是美国国家科学院院士、诺贝尔物理学奖获得者。费曼说，当你能够用最简单的方式，让别人理解你要讲的知识，才代表你真的理解了这个知识。

当你尝试向别人解释一个概念时，你不仅需要对这个概念有透彻的理解，还需要找到将复杂概念简化的方法。

这个过程可能会暴露出你对某些概念的误解或不完全理解的地方，从而给你一个改进和加深理解的机会。你可以向朋友、家人或同学解释，对方之前完全不了解你所解释的知识更好，这可以帮助你理顺思路和组织语言。

通过实际案例应用所学知识，就是将你所学的理论知识应用到具体的情境中，例如用来解题、分析案例或拓展应用。这个过程可以提高你的知识应用能力。

4. 第 4 次复习：初次学习的 2 周后

第 4 次复习的重点放在深入研究和知识扩展上。这样可以巩固已经学会的知识，从而更全面地掌握学习内容，并将这些知识内化为自身能力。这一阶段的复习让你超越了对知识的基本记忆，进入了对知识的深层次理解和应用阶段。

在这个阶段，你可以深挖每个概念和理论的深层含义。这可以通过查找额外的学习材料来实现，例如阅读相关主题的高阶课外书、学术论文、观看专题讲座或者阅读相关文献资料。

这种扩展阅读可以帮助你从不同角度理解同一个主题，你可能会发现一些在初始学习过程中未被注意到的细节和联系。例如，学习历史的时候，你可以阅读不同历史时期或持不同历史观点的图书；如果你在学习物理，可以阅读关于最新科研发现的文章或研究性论文。

完成这些知识扩展后，你可以试着把所学到的知识用自己的话写出来，还可以绘制思维导图或概念图，把新学到的知识和以往的知识连接、融合在一起。

5. 第5次复习：初次学习的1个月后

在这个阶段可以把复习的重点放在创新应用、练习更多的题目和用更多的方法来解题上。在这一阶段，复习变得更加动态和以实践为导向。

比如，对于语文中文言文的学习，你可以试着用文言文写一篇短篇小说，其中要用到你学到的文言文的叙事技巧和文学手法。

如果你对物理感兴趣，可以根据力学原理来画一些工程设计图纸，或者用软件来模拟建一座大桥。

当然，对于考试和提高成绩来说，也许多做一些练习题或模拟试题会更有效。这时候做的题最好是之前没做过、常常出错或者比较难的题。

6. 第 6 次复习：初次学习的 3 个月后

在这个阶段，复习的重点变成了全面回顾和将所学知识整合进长时记忆。这时候不能只复习一个知识点，还要复习与学科相关的所有知识点。通过这个过程，所学的知识能够逐渐被串联成一个知识网络。

对之前学过的某学科知识，你需要进行一次全面回顾，以巩固你在过去几个月中所学的所有重要概念和知识点，理解它们之间的联系和相互作用。你可以通过重新阅读教材和笔记，回顾所有自己做过的题（尤其是错题）。

以上的复习周期策略只供参考，你可以根据自己的学习进度和理解程度进行适当调整。这样的复习方法旨在根据艾宾浩斯遗忘曲线设计复习周期，并通过多种学习形式加深对知识的理解，确保知识能够长时间保存在记忆中。

4.3.3 学习计划时间表： 好成绩是设计出来的

要做好复习，明确的学习时间和计划有助于我们提前规划学习任务和目标，避免拖延，使我们有足够的时间来理解和消化新的知识，从而更有节奏、有条理地复习。

制订明确的学习计划时间表还可以培养我们的自律性和责任感。学会按照计划行事，有助于我们养成良好的时间管理习惯，这对未来的工作和生活都非常重要。

一张好的学习计划时间表可以减少学习过程中的焦虑和压力，让我们知道何时该学习、何时该休息，从而避免过度紧张和疲劳，有助于保持身心健康。

如何设计学习计划时间表呢？

表4-1是周一至周五的学习计划时间表，可供参考。

表4-1　周一至周五的学习计划时间表

时间	事项
7:00	起床
7:00~7:10	实施睡眠学习法，醒来复习阶段
7:10~7:30	日常洗漱
7:30~8:00	早餐及预习当天课程，复习昨天的知识点
8:00~8:30	上学途中，用知识卡片复习
8:30~12:00	参加学校课程 在课间休息时进行放松活动
12:00~12:30	午餐和放松时间，做休闲活动，如散步或聊天
12:30~13:00	午休或做自己喜欢的事
13:00~16:00	参加学校课程 在课间休息时进行放松活动
16:00~16:30	放学途中，用知识卡片复习
16:30~17:30	回家后完成家庭作业或进行预习
17:30~18:30	晚餐及放松时间
18:30~19:30	针对难点或弱项进行专项复习 每隔25分钟休息5分钟
19:30~20:30	休闲娱乐时间
20:30~21:30	针对难点或弱项进行专项复习 每隔25分钟休息5分钟
21:30~21:50	睡前洗漱准备
21:50~22:00	实施睡眠学习法，睡前学习/复习阶段
22:00	睡觉

表 4-2 是周六/周日的学习计划时间表,可供参考。

表 4-2 周六/周日的学习计划时间表

时间	事项
7:00	起床
7:00 ~ 7:10	实施睡眠学习法,醒来复习阶段
7:10 ~ 7:30	日常洗漱
7:30 ~ 8:00	早餐及放松休闲时间
8:00 ~ 9:30	复习一周内学习的重要内容 每隔 25 分钟休息 5 分钟
9:30 ~ 10:00	休闲娱乐时间
10:00 ~ 12:00	针对难点或弱项进行深入学习/复习 每隔 25 分钟休息 5 分钟
12:00 ~ 12:30	午餐和放松时间,做休闲活动,如散步或聊天
12:30 ~ 13:00	午休或做自己喜欢的事
13:00 ~ 15:00	课外休闲娱乐活动,满足个人兴趣
15:00 ~ 17:30	周六复习,周日预习下周的学习内容
17:30 ~ 18:30	晚餐及放松时间
18:30 ~ 20:00	自由时间,如看电影、阅读, 或者参与一些家庭活动
20:00 ~ 21:30	周六复习,周日预习下周的学习内容
21:30 ~ 21:50	睡前洗漱准备
21:50 ~ 22:00	实施睡眠学习法,睡前学习/复习阶段
22:00	睡觉

我想说一下这两张表的编制思路,你了解后可以编制出适

合自己的学习计划时间表。

1. 平衡学习与休息

学习计划时间表中明确划分了每天的学习时间和休息时间。例如每隔 25 分钟休息 5 分钟，以保持精力和注意力。这种学习和休息的平衡有助于防止过度疲劳导致的学习效率下降。尤其在周末，更多的休息时间和个人活动有助于缓解一周的学习压力。

2. 保障充足的睡眠

上面两张学习计划时间表确保了晚上有足够的睡眠，有利于第二天的学习和注意力集中。表中的睡眠时间设计为晚间 9 个小时、午间 30 分钟，可以满足绝大多数同学的睡眠需求。你可以根据自己的生物钟、睡眠需求和作息时间修改这两张时间表。

3. 保持有序的学习节奏

周一至周五的学习计划时间表中每天都包含了预习、复习和新知识的学习，这有助于我们遵循艾宾浩斯遗忘曲线背后的原理，在掌握新知识的同时，巩固旧知识。保持规律的作息，有利于身体和心理健康。

4. 兼顾兴趣和自我发展

周末安排了更多自由时间和与兴趣相关的活动时间，如兴趣活动、课外活动或家庭活动。这些活动不仅有助于放松心情，也是个人发展和探索兴趣的重要补充。学习计划时间表不仅应包括学科学习，还应涉及身心健康、社交活动和个人兴趣，这有助于全面发展。

学习计划时间表旨在为我们提供一个均衡的日常学习和生活节奏，强调生活和学习的规律性。通过有计划的学习，我们能够更好地管理时间，提高学习效率。虽然计划表中给出了详细的时间安排，但同时也强调了灵活性的重要性。我们可以根据个人的具体情况和学习需求适当调整。

第 5 章

学习保障：取得好成绩的路线支撑

有句名言大概是这样说的：这世界上幸运的人都差不多，但不幸的人却各有各的不幸。类似地，虽然每个同学的学习习惯会有不同，但多数学霸的学习方式和学习方法大致相似。要取得好成绩，除了应用睡眠学习法，还要注意养成好的学习习惯，提升屏蔽力，防止被干扰。

5.1　学习方法：高效学习的五个阶段

我总结身边学霸们的学习方法，发现他们的学习过程通常是比较全面的。学校的课业学习可以分成五个阶段，分别是准备阶段、吸收阶段、应用阶段、复习阶段和反思阶段。这五个阶段缺一不可，只有都重视，都做到，才能取得好成绩。

5.1.1　准备阶段：了解课程，设定目标

准备阶段是保障学业成功的第一个阶段。通过提前了解课程内容、设定学习目标和准备学习材料，我们可以为即将到来的学习之旅做好充分的准备，从而更有效地投入到学习过程中。

1. 了解课程内容

在正式投入学习之前，通过对课程大纲的粗略浏览，我们可以获得对课程整体框架的初步了解。先要了解课程的基本结构，比如每个单元或章节的主题，还要了解课程中将要讨论的关键问题或案例研究。

例如，在历史课程中，可以通过大纲了解课程将覆盖的历史时期和主要事件，而在物理课程中，大纲可能会概述不同的科学理论和实验。

通过预习教材或相关学习资料，我们不仅可以熟悉课程中将会出现的术语和概念，还可以思考这些知识如何互相关联，以及它们在实际情境中有哪些应用。比如在学习物理的时候，思考牛顿三大定律在日常生活中都有哪些应用。

了解课程内容还意味着可以对课程的学习目标有清晰的认识。这些目标不仅指明了学习的方向，而且可以为我们提供一个衡量自己学习进度的标准。这个过程有助于我们在心理上做好准备，学习新知识，迎接新挑战。

当我们对即将学习的内容有清晰的预期时，就能更积极地参与到学习过程中，减少遇到未知内容时的焦虑感。这种预先的了解也能激发我们的兴趣和好奇心，使我们保持积极和主动的态度。因此，这也是做好心理准备和培养学习兴趣的过程。

2. 设定学习目标

了解课程内容后，我们可以根据学习内容来设定学习目标。

比如在历史课中，学习目标可能是深入理解特定历史事件的背景、发展过程和结果，以及这些事件之间的相互关联。对于数学课，学习目标可能集中在解决复杂问题的方法和策略上，如理解公式的应用和解题技巧。在化学课上，记忆元素周期表可能只是起点，更深层次的学习目标可能是理解不同元素的化学性质以及它们如何相互作用。

在设定学习目标时，要保证目标是具体和可衡量的。

例如，在数学学习中，目标可能是每周做一定数量的代数题或几何题，这样我们就能清晰地看到自己的进步；在学习英语的时候，目标可能是每周学习并掌握一定数量的新词或短语。

设定学习目标的时候，应考虑个人的学习需求和兴趣。如果我们对某一领域特别感兴趣，可以设定更高的目标来挑战自己。例如，对历史感兴趣的学生可能不会只满足于了解历史事实，还会进一步探索历史事件的更多信息，以及历史事件之间的联系和对现代社会的影响。

学习目标不是一成不变的，应该是灵活的、可调整的。随着学习的深入，我们可能会发现需要调整目标，以更好地适应自己的学习进度。定期回顾和调整学习目标是必要的，它可以确保我们在正确的轨道上，同时确保学习过程既有挑战性也有成就感。

3. 准备学习材料

在学习的起始阶段，准备学习材料是确保学习过程顺利进行的基础。学习材料不仅包括教科书和参考书，还可以包括一些课外读物或纪录片。

例如，对于文科类课程，除了基本的教材，可能还需要多读一些相关的课外书，让自己的知识更丰富；而对于理科课程，除了标准的教科书，一些实验指南和专业的学术期刊也是重要的学习资源。

当今时代，数字资源已经成为学习不可或缺的一部分。在线资源如教育平台、学术数据库和电子图书，提供了极大的便利和海量的信息。

除了这些实物和数字材料，创造一个有利于学习的环境也是准备阶段的关键环节。要为自己准备一个可以集中精力学习的空间，这个空间可以是家里的某个安静角落，也可以是图书馆的某个区域。

5.1.2 吸收阶段：主动学习，做好笔记

在吸收阶段，主动学习、参与讨论和做好笔记这三个关键活动可以帮助我们深入理解和内化所学的知识。这个阶段的主要作用不仅是记忆知识，还包括深入理解知识。通过有效实施吸收阶段的行动，我们可以培养自己的批判性思维。

1. 主动学习

在学习的吸收阶段，我们可以通过主动学习、积极参与和深入探索来真正理解和掌握知识。主动学习要求深入阅读课本和参考资料，浏览或记忆书本上的内容，对所学的概念深思熟虑，并试图理解其背后的原理和逻辑。比如学习数学，不能只学会解题，还要弄懂知识背后的原理。

主动学习的方式有很多，参加主题讲座就是一种主动学习方式。通过讲座，我们可以听到专家对某个主题的深入分析和独到见解，开阔自己的眼界。

也可以主动寻找一些视频影像资料（纪录片或教学视频）并学习。这类视频往往可以提供比较直观的演示和解释，帮助

我们更好地理解复杂的概念或过程。例如，在学习物理时，通过观看关于牛顿运动定律的演示视频，我们可以更直观地理解这些定律是如何在现实世界中应用的。

寻找额外的学习资源可以补充课程内容，为我们提供从不同角度理解课程的机会。例如，可以主动查找和阅读相关的研究论文，这些论文可以提供更深入的洞见和最新的学术发现，帮助我们更全面地理解某个领域的知识。

案例研究也是一个重要的学习方法。通过分析具体的实例，我们可以了解理论是如何在实际情境中应用的。

2. 参与讨论

当我们在课堂或小组讨论中积极发言时，将会有机会分享自己对某个主题的理解和见解。我们在讨论、分享的时候，通常不是简单地重述书本上的知识，而是要用自己的语言解释和解读这些信息。

在对历史问题的讨论中，我们可能需要阐明对某个历史事件的个人理解，包括它的原因、过程和影响。这样的讨论有助于我们更深入地理解历史事件的复杂性和多面性。

讨论还提供了一个倾听和理解他人观点的机会。在这个过程中，我们可以听到参与者的不同见解，这可以拓宽我们的视野。例如，在物理课上，大家对牛顿三大定律可能有多种解释，多元化的讨论可以帮助我们加深对物理概念的理解。

除了增加知识的深度和广度，参与讨论还可以锻炼我们的沟通表达能力。通过对不同观点的分析和比较，我们可以学会构建有逻辑的论点，提出有深度的问题，以及有效地表达自己的想法。这些技能对个人的未来发展都是极其宝贵的。

3. 做好笔记

有效的笔记不是机械地复制老师在课堂上的讲解，或者照抄硬搬书本上的内容，而是一个思考、筛选和整理信息的过程。

在做笔记的时候，我们免不了需要去概括课程的关键点，用自己的话去总结知识。这样可以加深我们对知识的理解，有助于内化这些知识。对于那些复杂的概念，当我们能够在笔记中将其转化为概括性的语言、思维导图或各类图形时，可以更好地理解和深刻地记忆这些概念。

好的笔记还可以加深我们对知识的理解和个人见解。也就是说，我们不仅要在笔记中记录下知识本身，还要记录下对这些知识的思考。有了这个过程，我们将不再是被动地接受知识，而是主动地学习和思考。

笔记也是复习环节用得上的重要资料。好的笔记能帮助我们快速回顾和梳理所学的知识，而不必重新翻开教材或教辅资料。

此外，不同的记笔记方法能够满足个性化的学习需求，我们可以根据自身风格记录下更适合自己学习的笔记。例如，有的同学喜欢看文字，记笔记的时候可以多记录一些文字；有的同学喜欢看图形，记笔记的时候可以多画一些图形（思维导图或概念图）。

5.1.3 应用阶段：实践练习，解决问题

在学习的应用阶段，我们可以通过刻意练习和解决问题，将所学的理论知识转化为解题技巧和经验。持续应用知识可以加深我们对知识的理解，提高解题能力，对提升解题速度和取得好成绩也会有比较显著的帮助。

1. 刻意练习

你有没有听说过"一万小时定律"？这是由佛罗里达州立大学心理学教授安德斯·埃里克森研究，后来被畅销书作家马尔科姆·格拉德威尔提出并普及的一个理论。

这个理论说的是，要在任何领域达到专家级别，需要大约一万个小时的刻意练习。注意，这里说的是刻意练习，而不是简单练习。

所谓刻意练习，指的是有目的、有计划的练习，练习的过程并不是单纯地重复，而是持续寻求改变和挑战自己的极限。

世界级的钢琴家或小提琴家通常从很小的时候就开始练习，他们在青少年时期就进行了超过一万小时的练习。他们不仅重复练习基本技巧，还不断挑战更复杂的作品。

像篮球运动员迈克尔·乔丹或游泳运动员迈克尔·菲尔普斯，他们在达到高水平之前，都经历了长时间的训练和比赛，进行了超过一万小时的专业训练。

许多杰出的软件工程师或程序员，在成为行业领导者之前，都投入了大量时间学习编程和刻意练习编写代码，超过一万小时的编程实践让他们具有高超的技能水平。

刻意练习强调的不是练习的时间长短，而是练习的质量。进行刻意练习意味着不断挑战自己，寻找自己的不足，然后有针对性地加以改进。这种练习能够帮助个人不断进步，最终让技能达到较高水平。

不过，也有一些人不认可"一万小时定律"，认为它简化了达到高水平技能所需要的复杂过程。但显然它并不是毫无价值的概念，长期的、有目的的练习，对于掌握某项技能至关重要。

写作业就是一种有效的刻意练习，对于学生提高成绩具有显著的帮助。写作业时需要主动回顾和应用学到的知识。例如，通过解决数学作业中的题目，能够更好地理解数学概念和原理；通过作业中的作文写作，能够提高书面写作能力。

写作业这种刻意练习也是一种自我评估的方式。通过完成作业，我们可以了解自己在哪些方面做得好，在哪些方面还有改进的空间。写作业是对知识的复习，是对技能的训练，也是对综合能力的锻炼和提升。

2. 解决问题

要提分，多做题。题做得多了，知识慢慢就掌握了。通过不断练习解题，我们在考试中遇到问题的时候能够更加自信和熟练。

解题的时候，要求我们能够将抽象的理论应用于具体的情境和实际问题中。例如，在物理课上学习的力和运动的概念，如果只是学习理论，也许很抽象，最多只能算好像明白了，只有做到能够运用理论解决具体的物理问题时，才能算完全理解了其含义。

作答每道题都是一次挑战，需要我们思考不同的作答方法。这不仅可以锻炼我们的思维能力，还能帮助我们创造性地思考。通过反复练习，我们在面对复杂问题时能够更加灵活地思考和应对。

解题还有助于培养我们对细节的关注能力。在解决问题的过程中，我们需要注意问题的细节，确保得出正确的答案。关注细节的能力不仅对课业学习有帮助，对未来的人生也会有所帮助。

例如，对于一个涉及多个变量、需要多个解题步骤的代数问题，我们必须正确使用每个符号，确保每一步运算准确，确保方程式恰当简化。即使是微小的错误，如符号错误或计算失误，也会导致最终答案的错误。

未来到了工作岗位上，无论是写报告、设计工程项目，还是进行财务规划，只有做好细节才能取得高质量的成果。日常生活中也需要注重细节，比如规划旅行、管理家庭的财务等，关注细节可以避免错误，取得预期的结果。

5.1.4 复习阶段：定期回顾学习内容

根据艾宾浩斯遗忘曲线，要想有效对抗遗忘，整个学习过程就免不了要包含复习的环节。通过定期复习、模拟测试和整理笔记，我们可以巩固知识，让那些在头脑中短时存在的知识记忆得更持久。

1. 定期复习

如果没有定期复习，新的信息很容易被遗忘，尤其是当我们接触到大量新信息的时候。定期复习可以帮助我们巩固记忆，确保知识长时间保留在脑海中。机械地重复阅读笔记或教材并不是有效的复习。

为了使复习更加高效，我们可以采用不同的复习方法。比如，教学相长，教授别人知识就是一种非常好的复习方法。当我们尝试向他人解释某个概念时，不仅重复了知识点，还在这个过程中加深了自己对概念的理解。

有效的复习策略应该根据艾宾浩斯遗忘曲线，把分散复习和集中复习相结合。分散复习指的是在不同的时间点进行多次复习。例如，学习一个新概念后，我们可以在第二天、一周后和一个月后进行复习，这样可以有效地防止遗忘。而集中复习通常是在考试或重要评估前进行，它可以帮助我们回顾和巩固相关知识点，确保在需要时能够迅速回忆起来。

以新的方式应用所学的知识也是一种有效的复习手段。

在学习语文时，可以尝试用自己的话改写一下课文，或者把课文改写成另一种题材，比如把小说改写成散文、把诗歌扩写成小说等。

在学习数学时，可以把刚学的几何原理应用在家居的布局设计上，测算一下如果改变家具的摆放位置，会不会让空间增加。

在学习历史时，可以尝试设计一个关于某个特定历史时期的舞台剧，和同学一起扮演历史人物，根据特定的历史事件设计人物之间的对话。

通过将所学知识应用于新的情境，能够加深理解，活学活用，从而检验自己的理解程度，并从不同的角度理解和掌握知识。

2. 模拟测试

模拟测试是检验学习成果的方式，是帮助我们适应考试环境和提高应试技巧的有效方法。在模拟测试中，我们不仅可以对所学知识进行全面回顾和整合，而且能够在实战中检验自己的理解和应用能力。

模拟测试具有减少考试紧张焦虑的作用。考试紧张焦虑是很多同学面临的普遍问题，它可能严重影响考试成绩。很多时候不是不会做，而是太紧张导致出错。通过在模拟测试的环境中练习，我们可以逐渐习惯考试的压力，并学会有效地管理时间和情绪。模拟测试练习可以使我们在实际考试中保持冷静，发挥出最佳水平。

模拟测试为我们提供了自我评估的机会。通过分析模拟测试的结果，我们可以清楚地了解自己在哪些方面做得好，在哪些方面需要进一步努力。这种自我反思能让我们有针对性地复习，弥补知识上的不足。

模拟测试的题型、难度要和实际考试类似，这样可以帮助我们熟悉考试题目的结构和类型。直接用考过的题目或历年的真题效果更好。

3. 整理笔记

笔记做好了之后，还要定期归纳和整理。整理笔记的过程是对课堂笔记和自学内容的全面回顾，目的是将零散的信息和知识点转化为一个有组织、有系统的知识结构。通过整理笔记，我们能够更清楚地看到知识点之间的联系，从而获得更深层次的理解。

整理笔记的时候，首先要识别关键概念。我们需要仔细阅读笔记，弄清楚记录每个部分的目的。这时候，我们很可能会发现一些重要的知识一开始没有被记录在笔记中，这就需要我们对这些知识进行补充或重新编排。

关键概念经过整理后，笔记将变得更有价值。我们可以在整理笔记的过程中找到适合自己的记笔记方法和学习策略，可以清晰地知道哪些记笔记方法对自己来说最有效，并知道改进空间在哪里。

例如，王同学的笔记里记录了大量的文字信息，但在回看笔记的时候，她发现跟看课本差不多。笔记中有大量低效的、非重点的信息。笔记对她的用处不大，并没有帮助她提升成绩。

于是，在归纳整理的时候，王同学修改了笔记内容，精炼了语言，能简化的内容尽量简化，将能够图形化的内容整理成思维导图，而且笔记中只留下考点、扩展补充知识和自己没有理解的知识。

5.1.5 反思阶段：评估思考学习效果

反思是全面回顾和评估整个学习过程的阶段，是整个学习过程的收尾，同时它也处于下一个准备阶段的前端，能够为下个学习阶段奠定基础。通过反思和调整，我们可以不断提高自己的学习效率和效果，从而在考试中取得更好的成绩。

1. 评估学习效果

对自身学习效果的评估应当是多维度的，不仅包括学习成绩是否比较优异或有所提高，还包括学习效率有没有提高。如果一个学期下来，数学进行了3次模拟考试，成绩分别只比学期初提高了2分、3分、1分，那么虽然成绩提高了，但不能说学习成效显著。

不少同学觉得，学习效果的评估就是看考试成绩。实际上，考试只是衡量我们对知识掌握程度的一种直观方式，是对学习

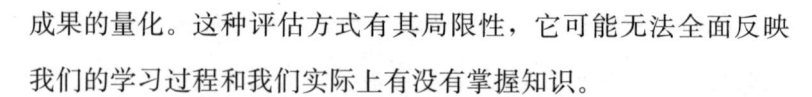

成果的量化。这种评估方式有其局限性，它可能无法全面反映我们的学习过程和我们实际上有没有掌握知识。

例如，马同学只掌握了一半的知识，但某次考试考的恰好是马同学掌握的那一半，马同学这次考试的成绩可能会很高。假如下次考的全部是马同学没有掌握的另一半，马同学的成绩可能会很低。

为了更全面地评估学习效果，也可以用自我评估、同伴评估、老师评估等更综合的评估方法。自己往往更容易了解自己，自我评估的目的反思自己的学习过程和学习成果，发现自己的强项和弱项。这一点在平常写作业、背课文、做练习题和自我测试的过程中都可以发现。

同伴评估则是同学之间相互评价对方的学习过程和成果。以人为镜，可以明得失。自己看自己可能存在盲区，别人看自己往往看得更全面、更清楚。来自同学的评价可以提供不同的视角，能帮助我们发现自身的缺点。通过学习小组的内部讨论或平常在学校与同学的讨论，都能获得来自同学的反馈。

老师负责教育教学工作，本身就有对学生进行评价的职责。老师可以通过观察你在课堂上的表现、结合你的作业或根据你考试时的答题思路，给你更多有益的建议。等老师不忙的时候，找老师好好聊聊，你可能会有不一样的收获。

2. 反思学习方法

学习方法决定着学习效率。多数低分学生往往是因为没有找到适合自己的学习方法。比如，那些更喜欢逻辑思考和结构化思维的同学，在学习文科的时候，若只是死记硬背文字，成绩可能比较差。如果把文科知识也按照逻辑、结构化、图形化的方式来学习记忆，学习效率会大大提高。

反思学习方法不限于学习方法本身，还包括对学习环境和学习习惯的评估。你需要考虑哪种环境最有助于自己学习，比如，是在安静的图书馆、自己的房间，还是在自习室中。

对学习习惯的评估包括评估阅读的方式、记笔记的方式、复习的频率和输入的学习资源。当然，也包括对学习时间的评估，即评估在什么时间学习效率最高，从而发现生物钟对应的高效率时间段。

3. 规划未来学习

经过准备阶段、吸收阶段、应用阶段、复习阶段后，接下来就要基于对自己学习效果的评估和学习方法的反思来作出调整，规划未来的学习。这个过程涉及对学习目标、学习策略和学习资源的全面考量。

要规划未来的学习，首先要设定学习目标。设定的学习目标要符合 SMART 原则（后文会有详细介绍）。接着，我们需要考虑改进当前的学习方法或尝试一些新的学习方法。此外，可以试试调整学习时间表。规划未来学习还包括对学习资源的评估和利用。

学习不是一成不变的，要保持一定的灵活性和适应性。这个规划过程也需要不断地被验证和评估。我们应该定期回顾自己的学习计划，评估其有效性，并根据需要进行调整。

总之，完整全面的学习过程包括五个阶段。这五个阶段形成一个闭环，推动我们不断进步。不能忽视这五个阶段中的任何一个阶段。如果你发现自己学习效率比较低，很可能是这五个阶段中的某个阶段或某个环节出问题了。

5.2　学霸习惯：成绩提高的辅助方法

我发现身边的学霸都有一些好行为或好习惯。我直观上觉得这些好的行为习惯对提高学习成绩很有帮助，但也拿不准，于是就跟女儿一起研究。女儿说她也觉得这些行为习惯应该会对学习很有帮助，我就顺势鼓励她去尝试。她尝试后果然成绩有所提升。

我们一起复盘，发现其中的四类行为习惯特别值得学习，分别是采用SMART原则设定目标、不糊弄的学习状态、具有战胜拖延的行动力和懂得从休闲娱乐中抽离。

5.2.1　设定目标：SMART原则

我女儿以前设定学习目标的时候，常常犯以下错误：

1. 目标过于宏大而不切实际

比如我女儿之前物理成绩不佳，我问她："是不是应该给自己设定一个学习目标啊？"她立即回答说："那我争取下次考试得满分！"

这虽然是一个积极的目标，但难免有些不切实际。现在还有很多不懂的题目，考试勉强及格，下次就能考满分了？如果没有达成这个目标，她可能会产生挫败感，失去自信。

2. 目标模糊不清

后来，我和女儿讨论了目标不切实际的问题，女儿说："那我争取在物理学习上有所提高，下次物理考试争取要考出好成绩！"

女儿取得好成绩当然也是我希望见到的，但多好的成绩算是好成绩呢？因为没有具体的数字，无法量化。

3. 缺乏时间概念

有一次我跟女儿讨论她英语学习的问题，她立即想到要制定一个目标，这点值得肯定。不过，她说："我英语一定要考到140分（满分150分）。"

我不怀疑她可以达到这个分数，只不过要多久时间达到呢？有没有具体一点的学习计划或时间表呢？

4. 目标过于依赖外部因素

有段时间，女儿觉得自己在班里虽然成绩很好，但跟同学的关系却不是很好。于是，她给自己定了一个目标："要在一个月的时间里,成为班里最受欢迎的人。"

我理解女儿的这种想法,很多人都希望自己被别人认可,希望自己受欢迎。然而受欢迎在很大程度上取决于其他人的意见和行为,不完全在自己的控制之中。

要设定目标,就免不了要提到 SMART 原则。SMART 原则最早是由彼得·德鲁克(Peter F. Drucker)提出的。SMART 原则是我们制定目标时要遵守的原则,分别是具体的(specific)、可衡量的(measurable)、可实现的(achievable)、相关的(relevant)和有时限的(time-bound)。

对于设定学习目标来说,同样可以遵循 SMART 原则。

1. 具体的

明确你想要取得的具体的学习成果,这样可以为努力提供具体清晰的方向。

比如,不要只是模糊地说"我要把数学学得更好",可以说"我想在下次数学考试中至少得到 80 分"。

2. 可衡量的

为目标设定可以量化的标准,这样我们能够据此来追踪进度,并明确目标达成的程度。

比如,不要只是说"我要提高做数学题的正确率",可以说"每周至少完成两套数学练习试卷,并且两套试卷的正确率在 75%以上"。

3. 可实现的

制定目标的时候，要考虑到自己当前的水平和可用的资源，制定的学习目标应该是可以实现的。

比如，不要只是说"我要考全班第一"，如果你当前的数学成绩是 60 分，那么目标可以是"在下次数学考试中得到 80 分"。

4. 相关的

我们的学习目标应该与自己近期的学习任务或远期的人生目标相符合，这样制定出来的目标才有意义。

比如，下周就要数学考试了，这周最好多制定一些与数学复习相关的目标；如果你的职业梦想是成为一名工程师，那么提高数学和物理成绩将是比较相关的目标。

5. 有时限的

一定要为达成目标设定一个明确的截止日期，这样可以给自己一定的紧迫感，有助于保持行动力。

比如，不要只是说"我要把数学成绩提高到 80 分"，可以说"在本学期结束前，我的数学成绩要提高到 80 分"。

举个例子，李同学目前的化学成绩平均为 70 分，他想在期末考试中至少得到 85 分。应用 SMART 原则来帮助李同学设定目标的时候，可以包括以下方面。

（1）具体的：李同学的具体目标是在期末的化学考试中得到 85 分。

（2）可衡量的：他计划每周至少完成一章的化学复习，并在每章结束时进行自我测试，确保至少有 80% 的正确率。

（3）可实现的：考虑到李同学的基础和可用资源（如辅导书和在线课程），这个目标是有挑战性的，但却是可以实现的。

（4）相关的：李同学喜欢化学，计划报考大学的化学专业，目前成绩不佳大概率只是不得法，因此提高化学成绩对他来说是非常相关的。

（5）有时限的：目标的截止日期是期末的化学期末考试。

我们既可以通过 SMART 原则来设定目标，也可以将 SMART 原则作为检验自己学习目标是否有效的依据。通过运用 SMART 原则，我们可以更加细致地思考自己的学习需求和愿望，更系统地规划自己的学习目标，制订出更有针对性和有效性的学习计划，从而精准高效地达成目标。

5.2.2 学霸品质：不糊弄的学习态度

学霸都有个比较统一的特点：不糊弄自己。

我小时候经常辅导好朋友学习，希望他们能再上一个台阶。给朋友讲题的时候，往往会碰到两种情况。

第一种情况，朋友会说："是啊，原来解这道题还要做这些步骤！学到了。"

第二种情况，朋友会说："哎呀，还可以这么做！哦，我会了。"

第一种情况下的朋友通常比较容易帮，只要让他多做做题，让他努力就行了。

第二种情况则比较复杂：有的人是真会了；有的人，我也以为他会了，后来发现，他是因为面子问题硬说自己会了。

根据我的观察，第二种情况下的人往往习惯性糊弄自己。

比如，有的朋友会说："这道题我不就是差这两步就做对了吗，有什么好再练习的！我其实会，不需要再看了。"

有的朋友会说："我也会用排除法排除 A 选项和 D 选项，然后凭直觉从 B 选项和 C 选项中选择，可惜正确答案是 B，我选了 C。下次我再选 B 不就好了！"

有的朋友会说："我想着压轴题不会涉及最后一章，我只是抱着侥幸心理昨天晚上没看，要是复习了，我也得满分。下次考试压轴题应该不会再考最后一章了吧？"

后来，我碰到很多学霸，大家一起讨论数学题或物理题。我发现学霸的世界里往往只有逻辑、对错和真理，没有面子。

学霸们可以吵得面红耳赤，各自得意于自己的神来之笔，得意于自己的恍然大悟，高兴于自己真弄透彻了⋯⋯这些并不会影响大家私下里的感情。

那个时候，大家多少都有点偏科。但对自己的所有科目学到了什么程度，知识点的应用情况，都心里清楚，不糊弄自己。这样，复习的时候，可以有的放矢。

不糊弄这个品质是学霸们长期的学习习惯所塑造的。对外，偶尔可以炫耀一下自己的成绩，对内，自己是清楚的。就好像对于勾股定理，我也不是每种证明方法都滚瓜烂熟，有时会炫耀自己对勾股定理有多透彻，但回过头来还是要去复习一下。

当年很多少儿类刊物上都会有"学习是自己的事，自己可不能糊弄自己"的鸡汤文章。我记得还有一些关于科学家的故事：他们逻辑严谨，做事经得起推敲……基本都是知错就改，严于律己。我们那个时候，大家受这些文章影响很大，都是这么严格要求自己的。

现在，我发现这些讲学习品质、学习习惯的鸡汤，女儿看的绘本和课外读物里多多少少也都会有，于是我在这方面就很少跟女儿啰唆了。

但我发现周围有不少孩子不是这样的，他们面对知识不求甚解。有些知识其实自己根本没有掌握，只是考试的时候碰巧蒙对了，于是就觉得自己不需要再学习了。所以在这里，我觉得还是有必要再提一下学习态度。

学霸之所以能够取得优异的成绩，很大程度上是因为他们坚持实事求是的学习态度。他们面对知识，既不会盲目自大，也不会轻易满足。对于自己已掌握的知识，他们会确信无疑，但对于尚未掌握的知识，他们会坦承自己的不足，并积极寻找解决之道。

1. 对学习诚实

学霸们会对自己的学习进度和理解程度进行准确的自我评估。如果在某个学科或主题上遇到困难，他们不会逃避或忽视这些问题。相反，他们会直面挑战，通过更多的学习和练习来克服困难。

2. 喜欢刨根问底

学霸们通常不满足于表面的理解，而是努力探求知识的深层原理和逻辑。这种深入的学习方法使他们能够在各种情况下灵活运用所学知识，而不仅仅是追求在某次考试中能够正确回答问题。比如在学习历史的时候，学霸们往往不是只记住日期和事件，而是努力理解事件背后的原因和影响。

3. 不断寻求进步

学霸们通常知道，不断学习和进步是长期保持优异成绩的关键。因此，他们会不断挑战自己，设定更高的目标。即使在自己擅长的领域，他们也会寻找提升的机会，不断拓展知识的深度和广度，让自己对知识融会贯通。

学霸们的成功不是偶然的。他们秉持实事求是的态度、刨根问底的学习方法以及不断追求进步，最终才取得优异的成绩。学习经不起半点虚假和糊弄，高效的学习要深入理解、积极应用和不断探索。

5.2.3 战胜拖延：提升学习行动力

拖延是学习的敌人，有效实施睡眠学习法更不能拖延。要解决拖延问题，首先要知道拖延产生的原因，根据原因"对症下药"。常见的拖延原因如图 5-1 所示。

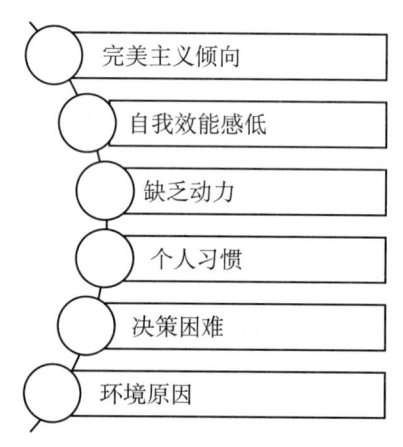

- 完美主义倾向
- 自我效能感低
- 缺乏动力
- 个人习惯
- 决策困难
- 环境原因

图 5-1 常见的六种拖延原因

1. 完美主义倾向

追求完美的同学可能会因为害怕不能达到自己或他人的高

标准而拖延。他们宁愿不开始，也不愿意开始做了之后，做得不够完美。

要克服因为完美主义倾向造成的拖延，首先要学着重新定义属于自己的完美，理解完美不是绝对的标准，而是一个持续改进的过程。我们应该专注于进步，而不是完美。

我们可以把大的学习需求分解成小的学习步骤，每完成一步就认可自己的努力和成就，将更容易体会到成就感。另外，要学会接受自己的不完美。人无完人，采取行动本身的重要性远高于追求完美。

2. 自我效能感低

自我效能感是指个体对自己有能力完成特定任务的信念。有的同学对自己的能力缺乏信心，可能会推迟开始任务，因为他们担心自己做不好。面对难度较大的任务时，有的同学可能会感到焦虑或害怕，这种情绪使得他们选择逃避，于是养成了拖延习惯。

过大的任务可能让人望而却步，使人产生恐惧感。化大为小能让学习看起来更容易。要应对自我效能感低下造成的拖延，可以试着通过让自己在一些小的事情上取得成功来树立信心，例如背下一篇古诗或学会解比较简单的数学题。

每次给自己设定目标时，不要定得太高，要学着给自己一些正向鼓励，表扬自己的努力，认可自己的勇气。任务难度要逐渐增加。

在面对压力、紧张、挫折时，试着深呼吸，帮助自己缓解焦虑情绪，让自己保持冷静，从而更容易开始行动。

3. 缺乏动力

如果我们对某种学习方式或某个学科不感兴趣，或者不认为它对自己有重要意义，那可能是因为缺乏完成这项任务或深入学习这个学科的动力。

面对缺乏动力造成的拖延，可以找一找自己学习的内在动机，明确学习知识对自己的长远意义，思考学习给自己带来的价值。为自己设置一些即时的奖励，可以增加自己完成学习任务的动力。

可以试着将自己不感兴趣的学科与自己感兴趣的学科联系起来。例如李同学不喜欢物理，但喜欢历史，那就可以把物理与历史联系起来，比如思考正在学习的物理课本上的知识是哪些物理学家提出的，这些物理学家为推进历史进程和科学发展作出过哪些贡献，当前学习的物理知识有哪些历史价值和意义。通过这种方式，可以提高自己对不感兴趣学科的兴趣。

4. 个人习惯

有时候，拖延是因为个人的时间管理能力差。有的同学不善于规划和管理时间，可能会错误估计完成任务所需的时间，从而导致拖延。有时候拖延只是一种习惯。有的同学过去经常拖延且没有导致严重后果，他们可能将拖延视为一种可接受的行为模式。

要解决个人习惯导致的拖延，可以提高自己的时间管理能力。给自己制定行动计划表，设定行动的优先级。例如，可以每天使用日历记录重要的学习任务和截止日期，确保自己有明确合理的时间安排。

另外，可以识别出导致自己拖延的具体行为和情境，并找到替代策略来改变这些习惯。例如，有的同学可能会发现自己只要坐在客厅的沙发上就开始拖延。遇到这种情况可以在放学后刻意避免坐在客厅的沙发上。

5. 决策困难

有些同学可能在面对需要作出选择的任务时犹豫不决，或不敢作出决策，从而导致拖延。

为应对决策困难造成的拖延问题，可以做一些决策训练。先做一系列易实施的决策，例如选择完成哪项任务或在何时开始学习，然后逐渐增加决策的难度。

我们要学会分析作决策的利弊，明白任何决策都有利有弊，这样可以减轻因为过分追求决策正确而产生的焦虑感。

作决策时，要考虑时间成本，强迫自己在某个时间期限到来之前必须作出决策。

6. 环境原因

如果处在一个充满干扰的环境中，难以保持专注，也可能会导致拖延。

要应对环境原因造成的拖延问题，可以给自己创造一个有利的学习环境，让自己在这个环境中免受干扰。也可以提升自己的屏蔽力，提高自己抗干扰的能力。

要战胜各种原因造成的拖延，可以试一试"5秒规则"，即当你发现自己需要开始做某件事但犹豫不决时，立即开始从5倒数到1，当倒数到1时，你就立即行动。

这个方法旨在遏制大脑的拖延倾向。倒数行为创造了一种心理上的紧迫感，促使你从思考转向行动。

要有效实施"5秒规则"，首先要学会识别那些你开始拖延的时刻，例如早上起床、开始做作业、晚上睡觉前等。一旦你意识到自己在拖延，立即应用这个规则，开始从5倒数到1。这个过程需要你全神贯注，不能分心。

在倒数的过程中，告诉自己一旦倒数结束就必须行动。这是一种心理上的承诺，能够帮助你做好准备。倒数的过程有助于消除内心的犹豫和不确定感，为即将到来的行动做好心理铺垫。

数到1的那一刻，不要再有任何犹豫，无论是起床、开始学习或写作业，都要迅速执行，直接开始做那项任务。这里的关键是倒数结束后立刻行动，避免再次陷入过度思考的循环之中。

如果刚开始觉得应用起来比较难，可以在一些个别的、小的事情上应用这个规则，例如晚上的洗漱活动。之后，可以将其应用到更难的事情上。

应用一段时间后,观察效果,反思这个规则对你是否有效,是否有助于减少拖延,是否使你变得更有效率。如果需要,可以调整倒数的方式或者将这个规则与其他方法结合使用,比如奖励自己等。

5.2.4 懂得抽离:休闲娱乐不能少

学霸绝不是把所有时间都用在学习上,那样学习效率反而低。学霸当然不是不娱乐,而是休闲娱乐有度,懂得在娱乐后及时抽身,很快再投入到学习中。

如今很多孩子沉迷于手机,为此家长们感到很无奈。我多次看到,在一个角落里,一群小朋友围着一部手机的热闹场景。

其实,沉迷手机是结果,不是原因。孩子把时间耗在手机上,这可能给家长们传递了一个明确信号:我们对孩子的陪伴是否不够?孩子的业余生活是不是太枯燥了?孩子们是不是不能从阅读等爱好中获得更多的成就感和分泌更多的多巴胺?孩子们是不是内心丰富充盈?

从我的观察来看,很多孩子的所谓爱好,比如上兴趣班,学绘画、围棋、弹琴、舞蹈、演讲,要么是父母的爱好或父母年轻时的遗憾(让孩子来实现),要么是父母不知道从哪里得来的固有认知,认为学个钢琴挺好的。

在有的父母看来，孩子们是不是真的喜欢，孩子们是不是原本有一个沉醉其中的爱好，例如踢足球、看书、做手工等，都不重要。父母觉得重要的，才重要。

自己的兴趣爱好是父母指定的，父母的陪伴也不过是监督学习、监督练琴、监督跳舞、监督画画……陪伴缺少了温度。于是，手机就成了最好的伙伴。

除了学习，孩子们没有什么业余爱好，而手机确实丰富了孩子们的世界。从这个角度说，我觉得孩子多接触手机，可能不是一件坏事。

所以，女儿上初中后，我就给她用手机，就算女儿偶尔沉迷手机，我也认为问题可能在我，是我的一些工作没有做好。我把女儿沉迷手机这个事当成结果，去分析原因：我有没有做得不好的地方？我对女儿的陪伴够吗？女儿是因为什么沉迷手机？最后我发现，我跟很多父母也没有什么不同——对孩子的陪伴太少了，要求太多了。

孩子是需要更多人际交往的，除了用手机聊天，只能通过游戏和同学们交往。女儿从小就接触各种游戏，我家里还有专门的游戏机，以丰富日常生活。

她一开始确实不沉迷游戏，偶尔陪同学玩，为了通关，有时候会花比较多的时间。但一旦同学说不玩了，她可以马上放下。她自己并没觉得玩游戏和打篮球、下象棋、跳舞等其他娱乐活动有什么区别。

最让我意外的是短视频。我本以为，女儿从小跟着我们看各种纪录片、各种优质的电影和动画片、各种长视频，会和我一样对短视频"免疫"。

前几年，她没事就看几个短视频消遣，慢慢就养成了习惯。毕竟，短视频的喜怒哀乐来得太快。我以为我不沉迷，孩子也不会沉迷。

但我渐渐发现，身边有几个非常自律的朋友都沉迷其中而无法自拔……成年人尚且如此，更何况孩子。上初中之后，她的学业安排更紧凑了，我们的陪伴交流时间也确实少了很多，我想这是她偶尔沉迷手机的原因之一。

于是，我想到应先改变自己，而不是先改变孩子。我会根据她的想法，一起做她喜欢的活动，而不是强求她做我认为对她有益的活动。比如，我们会在周末一起去户外活动。

当然，学生要学会自己安排时间。休闲娱乐当然可以有，也应该有，但要能从休闲娱乐中抽离。为此，我建议采取如下五种方式，如图5-2所示。

```
┌──────┐
│      │  设定时间限制
└──────┘
       ┌──────┐
设定学习目标 │      │
       └──────┘
┌──────┐
│      │  养成有益习惯
└──────┘
       ┌──────┐
设置软件限制 │      │
       └──────┘
┌──────┐
│      │  寻求家长支持
└──────┘
```

图 5-2　从休闲娱乐中抽离的五种方式

1. 设定时间限制

休闲娱乐的时候，给自己设定一个明确的时间限制。比如可以在学习期间设定一个特定的时间段来娱乐，一旦时间到了，就自动结束娱乐活动。

2. 设定学习目标

可以设定一些学习目标，例如，在接下来的 30 分钟做 10 道数学题，正确率要达到 80%。目标达成后，再开始休闲娱乐活动。

3. 养成有益习惯

养成良好的学习习惯和生活习惯，例如每天定时学习、做作业或复习，有助于更好地控制自己的学习和娱乐时间。

4. 设置软件限制

如果你的娱乐方式是使用某种电子设备中的某个软件，可以在电子设备中设置每天使用软件的时间。到时间后，软件当天将不再可用。

5. 寻求家长支持

如果你发现难以控制自己的娱乐时间，可以寻求家长的支持和帮助。让家长监督，在休闲娱乐的时间到了后提醒你停止娱乐。

休闲娱乐并不是洪水猛兽，而是一种放松身心的方式，没有必要去刻意回避，对绝大多数人来说也不太可能完全放弃。我们需要找到学习和休闲娱乐之间的平衡点，确保自己不会过度沉溺其中，让自己学会抽离，不影响自己的学习和生活。

5.3 屏蔽力：排除干扰，实现专注

近些年，随着外部干扰越来越多，屏蔽力成了一个热词。学习需要专注。睡眠学习法不仅强调高质量学习，更强调要有高度的专注力。当学生能够屏蔽干扰，将注意力集中在特定的学习活动上时，他们更可能理解复杂的概念并解决难题。

5.3.1 成功必备：高效能人士的秘密武器

在这个多元化的世界中，人们对成功可能有不同的定义。

对一些人而言，成功可能意味着升职加薪；对一些人来说，成功可能是通过考试、学业有成；对另一些人来说，成功可能是家庭和睦、身体健康或精神满足。

不管如何定义成功，都无法回避一个事实，那就是要取得成功，需要有高度的专注力和执行能力。

未来，如果不懂得如何在信息爆炸的环境中保持专注和冷静，你将很难说自己是一个高效能人士。如果你观察那些在各自领域里极为成功的人，会发现他们都有一个共同特点——具备高度的屏蔽力。

他们知道如何管理自己的时间和精力，知道如何从繁多的任务和信息中选出最有价值的部分。这种能力，是他们成功的秘密武器。

1. 盖茨的晚间思考时间和思考周

比尔·盖茨（Bill Gates）是微软公司（Microsoft）的联合创始人，是全球最有影响力的企业家之一，也是一名慈善家和投资人。比尔·盖茨有一个独特的习惯，就是有专门的时间用来思考，他有自己的"晚间思考时间"和"思考周"。

他每天在忙碌的工作结束后，会留几个小时的时间来进行晚间思考。在这段时间里，他会切断与外界的联系，让自己不受外界因素打扰，专注于深度思考和解决问题。他可能会在这段时间里读书、审查文件或仔细思考某个复杂问题。

他每年都会为自己预留两个为期一周的思考周。在思考周里，他会独自一人到一座偏远的小屋中，完全屏蔽外界的干扰——没有电话，没有电子邮件，没有会议。这个周全都用来思考、阅读、深度工作，以及对微软公司及其他投资项目进行长远规划。

这种习惯让他更加深入地思考复杂问题，帮助他解决了许多关键性的商业和技术问题，也让他有时间掌握新的知识和技能。只要我们有意识地去做，即使在忙碌和纷杂的工作和生活中，保留时间进行深度思考也是完全可行的。

2. 马斯克的"闭关修炼"

埃隆·里夫·马斯克（Elon Reeve Musk）是当代最具影响力的商业领袖之一。他是特斯拉公司（TESLA）的创始人兼首席执行官、太空探索技术公司（SpaceX）的首席执行官兼首席技术官、太阳城公司（SolarCity）的董事会主席、推特公司（Twitter，现已更名为 X）的首席执行官、美国神经连接公司（Neuralink）的创始人、OpenAI 公司的联合创始人。

在 2002 年成立 SpaceX 后，马斯克面临着极大的压力和来自外界的质疑。当时，私人公司进入航天领域被认为是几乎不可能的，但他坚定地对外界表示，SpaceX 会是世界上第一家成功将货物和人送入太空的私人公司。

在 SpaceX 早期，他身兼多职，不仅要参与公司战略的制定，还要深入了解火箭技术及相关技术。在这个阶段，他极度专注于研究和工程细节，亲自参与火箭设计和测试。

SpaceX 前三次发射尝试失败后，公司面临破产。但马斯克决定继续前进，把几乎所有的时间和资源都投入到第四次尝试。据员工回忆，他在那段时间几乎完全消失在公众视线中，集中所有精力在解决技术问题和团队管理上。

马斯克屏蔽各种干扰，成功地带领 SpaceX 战胜了一系列极为艰巨的挑战，最终完成了许多具有里程碑意义的大事，包括成功发射多枚火箭，将货物和人送到国际空间站等。屏蔽力使他能够在巨大的压力和怀疑声中保持清晰的头脑和坚定的决心。

3. 奥威尔与《1984》

乔治·奥威尔（George Orwell），本名埃里克·阿瑟·布莱尔（Eric Arthur Blair），是一名英国作家和记者。他的作品《1984》在全球范围内产生了深远影响，被认为是 20 世纪影响力最大的英语小说之一。

在 1948 年，乔治·奥威尔身患重度肺结核，健康状况堪忧。尽管他当时的身体状况并不理想，但他坚定地将自己与外界隔绝。他隐居在苏格兰一座岛屿上。那里没有电，没有暖气，电话信号也很差，生活条件相当简陋。

奥威尔拒绝一切社交活动和访客，几乎把所有时间都花在了写作和修改上。他不仅忽视了自己糟糕的健康状况，也忽视了外界对他前作的争议和期望，以及当时政治环境中的压力。

在如此艰难的情况下，他专心地用一台老旧的打字机在 1949 年完成了《1984》这部作品。尽管他在不久后去世，但这部作品出版后获得了巨大成功，对后世产生了深远影响。

乔治·奥威尔的这一创作经历展示了他如何通过屏蔽外界干扰来完成一部影响深远的文学作品。这种屏蔽力不仅体现在他对物质条件的忍耐上，还体现在他精神上过滤外界干扰的意志力和对创作的专注上。

4. 博尔特与奥运会金牌

尤塞恩·博尔特（Usain Bolt）出生于牙买加，被认为史上最伟大的短跑运动员之一。他在2008年、2012年和2016年的奥运会上表现出色，多次打破世界纪录。博尔特不仅在赛场上的表现引人注目，在训练中也表现出了高度的屏蔽力。

在每届奥运会前，博尔特都会进行一段高强度的训练。在这期间，他几乎完全与外界隔绝，专注于身体训练和心理准备。他不接受任何媒体采访，几乎没有社交活动，甚至与家人和朋友的接触也大大减少。

他专门选择那些与外界隔绝的训练基地，确保没有任何干扰因素影响他专心备战。除了身体训练，他还会花大量时间进行心理准备，做心理调适和冥想。

博尔特展示了在充满竞争和压力的环境中，如何通过超强的屏蔽力来获得最佳表现。他的训练方法和心理准备不仅帮助他在奥运会等重要赛事中取得卓越的成绩，也为其他运动员提供了宝贵经验。

成功人士往往能有效管理自己的注意力和时间，他们懂得运用屏蔽力来提升自己的效能。他们所处环境中不是没有干扰，但他们懂得如何屏蔽阻碍自己达成目标的干扰，使自己专注于真正重要的事情。他们知道什么时候应关闭手机，以及什么时候需要一个安静的环境来思考和工作。

5.3.2 注意力资本：通向未来成功的新货币

俗话说，时间就是金钱。其实，时间本身没有价值，是人们对时间的利用使其产生了价值。这个价值，来自人们在一段时间内把注意力放在哪里。所以，与其说时间是金钱，不如说人的注意力是金钱。

数字时代信息泛滥。信息越容易获取，人们的注意力就越容易分散。对市场来说，人们的注意力也是一种经济资源，具有商业价值。既然注意力是有价值的，对我们来说，注意力就是一种资本，是一种可能会被社会上任何组织争夺的资本。

在互联网时代，手机已经成为人们必不可少的工具之一，甚至不少人已经习惯了拥有多部手机。

在这种背景下，社交媒体、内容平台、购物平台等各类应用会持续发展。虽然这些应用的受众和产品不同，但它们有一个共同的特点——都在争夺用户的注意力和时间。

各大社交媒体类应用和平台不仅通过吸引眼球来实现价值转化，还利用算法和人工智能深入分析人们的消费习惯、兴趣爱好和行为模式，以推送更加个性化和精准的内容。

这种精准营销和推荐，使得人们越来越难以抵制这些信息的吸引，从而更加难以保持自己宝贵的注意力。

随着我们越来越依赖各种互联网服务和智能设备，我们的日常生活几乎被各类信息和数字产品包围。从无穷无尽的在线视频内容，到层出不穷的游戏产品，再到花样百出的购物平台，都在吸引我们的注意力。

例如，某视频内容平台是一个允许用户创作和分享短视频的社交媒体平台，它依靠强大而精准的算法来推荐用户可能喜欢的内容。该平台能够分析用户的观看时长、互动行为和偏好，从而不断优化推送的内容，使用户愿意在平台上花费更多的时间。

比如韩梅梅喜欢观看与美食和旅行相关的短视频。她经常在该平台上浏览、点赞和分享这类视频。平台迅速捕获了韩梅梅的这些行为，并开始为她推送更多与美食和旅行相关的视频。随着时间的推移，韩梅梅发现自己几乎每天都会在这个短视频平台上花费大量的时间，被无尽的有趣内容吸引，难以自拔。

尽管短视频平台提供了大量有趣且多样化的内容，但它同时也抢占了用户的大量注意力。韩梅梅的例子正是这样，她的大量时间和注意力被短视频平台占用，而这些注意力最终被转化为广告收入和用户数据，这些都是企业和资本极为重视的价值。

事实上，只要你用手机，你就会发现手机里几乎所有的手机应用（App）都在想尽办法抢占用户的注意力。在数字化时代，无数的手机应用如雨后春笋般涌现，它们试图通过各种方式吸引用户的注意力。

各类手机应用想尽办法在用户的手机屏幕上争夺一席之地，与其他手机应用争夺用户的每一分每一秒。它们都尽可能长时间地占据用户的时间和心智。用户的每一刹那注意力都将被它们转化为实际的经济价值。

某款健康与健身应用不仅能够追踪用户的运动数据、睡眠质量和饮食习惯，还能根据用户的个人情况和需求，提供合适的健身计划和饮食建议。它通过分析用户的数据和行为，深入了解用户的生活习惯和健康需求。

比如，用户王晓明每天使用该应用记录他的运动量和饮食。这个应用通过对王晓明的数据进行分析，发现他每天走的步数不足，而摄入的热量较多。

基于这些信息，该应用向王晓明推荐了更多有氧运动，并给出了一个低热量的饮食计划。这使得王晓明更加积极地参与运动，并更加注意他的饮食习惯。

在此过程中，该应用成功地吸引了王晓明的注意力，并将这种注意力转化为经济价值。这款应用通过提供持续的健康服务和健身建议，吸引王晓明持续使用，从而实现了商业盈利。

无论在哪个领域，用户的注意力都是宝贵的资源。利用收集的个人数据和先进的算法，企业能够在不知不觉中获取和操控用户的注意力。这些注意力资本原本是用户可以用来创造价值、实现目标的，但现在却成了别人谋利的工具。

在这种情况下，我们如果不具备较强的屏蔽力，无法管理好自己的注意力，总是情不自禁地被无穷无尽的个性化内容吸引，必将在信息洪流中迷失自我、随波逐流，这相当于把自己的注意力资本拱手让与他人。

5.3.3 空间重构：去除干扰和优化环境

通过屏蔽力来排除干扰和实现专注对于学生而言至关重要，因为这直接关系到学习效率的高低和学习成果的好坏。在一个充满干扰的环境中，无论是外界的噪声，还是内心的杂念，都会分散我们的注意力，导致我们难以专注地学习。

屏蔽力既然被称为一种力，就会有用光的时候。与其每天靠意志力或自控力来保持自己的屏蔽力，不如给自己创造一个抗干扰的环境，让自己不需要费太多力就可以将屏蔽力保持在比较高的水平。

为此，我们首先要了解和识别周围的干扰源，比较常见的干扰源有三种，如图5-3所示。

1. 电子产品干扰

手机或平板电脑的通知、电话、信息等经常会打断我们的思维，导致注意力分散；电脑中的各类弹窗、新闻等也可能吸引我们的注意力；喜欢看电视的同学，如果电视在身边，也可

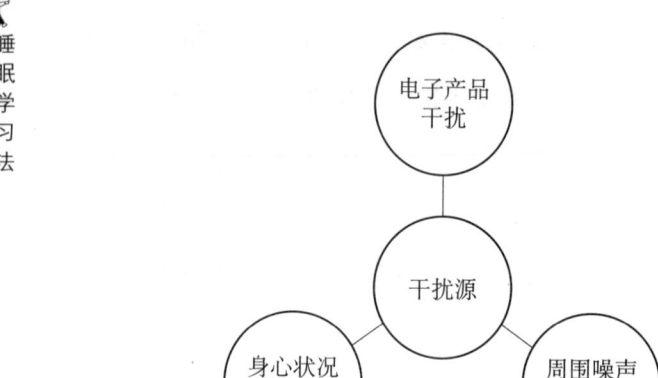

图 5-3　常见的三种干扰源

能会忍不住想要打开看看。

要消除这类干扰源。在学习的时候，可以将手机、平板电脑设为静音或飞行模式。如果需要保持联系，可以设定仅允许接收紧急联系人的电话和信息通知。为避免诱惑，在使用电脑、平板电脑、手机等电子设备时，可以使用专门的应用软件来限定休闲娱乐类应用的使用时间。

在学习的时候，尽量远离电子设备，尝试用纸质资料学习。这样既可以避免电子设备的干扰和影响，又可以减少看屏幕的时间，保护眼睛。

2. 周围噪声干扰

交通工具的噪声、施工的噪声、家庭成员的对话、室友的交谈或电视发出的声音等对学习来说都是一种干扰，可能影响学习。

要消除这种干扰，可以试着远离噪声源，换一个安静的地点学习，也可以使用耳塞或降噪耳机，以减少外部噪声的干扰。

需要注意的是，每个人对噪声的定义是不同的。有的人喜欢绝对安静的环境，稍能听到一点声音都会觉得被打扰，难以专注；有的人则不喜欢听不到任何声音的环境，这类人喜欢环境中稍微有一点声音，只要这种声音不打扰自己就行。在这种情况下可以试一试白噪声。

白噪声的频率分布是均匀的，每个频率的声音能量大致相等。白噪声经常被用于屏蔽或掩盖环境中的干扰噪声，帮助人们集中注意力或入睡。

3. 身心状况干扰

疲劳、饥饿或身体不舒服等都可能影响学习效果；压力、焦虑、紧张等负面情绪也可能影响注意力集中和学习效率。

可以通过保持健康的饮食习惯，保证充足的睡眠，并适当进行身体锻炼来消除这种干扰源；或者通过冥想、深呼吸练习及轻度运动缓解压力；也可以跟信任的人分享自己的感受，帮助自己疏导心理。

识别和消除这些干扰源需要了解自己的特定需求和习惯，因而有效的防干扰策略也可能有所不同。重要的是找到适合自己的方法，让自己远离干扰源。

光识别和屏蔽干扰源还不够，杂乱无章或不适合学习的环境也可能分散注意力。创造有利于学习的环境，整理和优化学习区域，可以减少干扰，提升学习动力，提高学习效率。要创造有利的学习环境，可以参考如下四个步骤，如图5-4所示。

评估现有环境 → 创造有序的学习区域 → 温度和通风 → 激发灵感的装饰

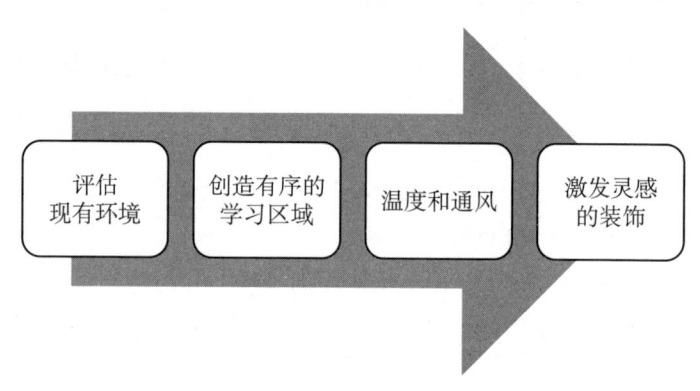

图5-4 创造有利的学习环境的四个步骤

1. 评估现有环境

首先，我们需要评估当前的学习环境。这里所说的学习环境可能包括光线、噪声水平、家具的舒适度，以及其他可能影响学习的因素。例如，张同学家里的书桌面对着窗户，强烈的阳光和外面的噪声经常分散她的注意力，导致学习效率不高。

2. 创造有序的学习区域

保持学习区域整洁、有序，合理摆放书、文具和其他学习材料。选择合适的家具，特别是舒适的椅子和适当高度的桌子。例如，李同学有定期整理书桌的习惯，她的所有学习材料都有固定的摆放位置，这可以帮助她减少寻找材料的时间。

3. 温度和通风

学习区域最好不要位于封闭的、空气不流通的空间之中，通风良好有助于保持头脑清醒。如果条件允许,可以调整一下学习环境的温度,确保温度适宜。例如王同学发现自己看书的时候昏昏欲睡,于是每天通风,以保持室内空气新鲜。

4. 激发灵感的装饰

可以根据自己的喜好,在学习空间内添加一些能激励自己的个性化元素,如励志海报、植物,以激发学习动力和兴趣。例如,赵同学在学习区域摆放了一些绿色植物和她喜欢的艺术品,不仅美化了空间,还让她感到放松和舒适。

一个好的学习环境应该是能够帮助我们集中精力、提高效率并激发学习动力的。我们应该根据自己的具体需求和偏好来规划学习空间。调整学习空间、减少外部干扰,可以创造有利于学习的防干扰氛围和学习环境。

5.3.4 自控力训练:增强意志力的科学策略

强大的屏蔽力需要自控力、意志力的支持。我们可以通过一些刻意的自控力训练,来增强自己的意志力,具体可以参考如下三点,如图5-5所示。

1. 构建习惯追踪表

养成好的习惯是提升自控力、意志力的最佳方法。但在习惯养成的过程中我们可能会遇到困难,发现行为难以坚持。这时候,可以给自己构建一个习惯追踪表。

思考并列出你想要养成的具体习惯。这些习惯应该是明确、

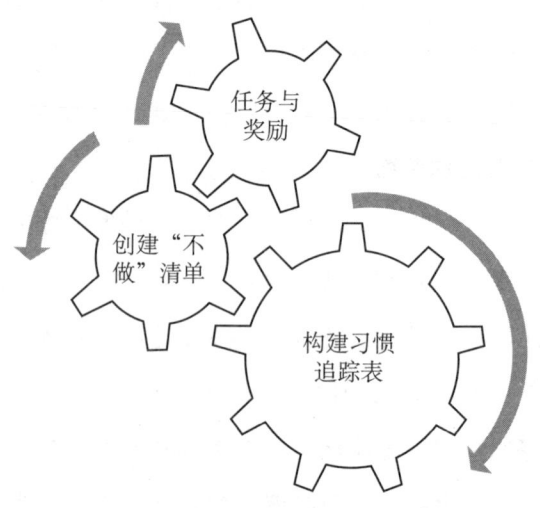

图 5-5 增强意志力的三种自控力训练

可执行的小目标，比如"每天阅读 30 分钟""早睡早起""每天喝 8 杯水"等。

接着，每天追踪与标记这些习惯。在完成各项习惯行为后，及时在追踪表上做标记，例如打个"√"或者使用有颜色的笔做标记。

对于某些习惯，你还可以记录一些额外的信息和细节，比如阅读了哪本书、运动了多长时间，这有助于你全面了解自己的进步。

每周或每月花时间回顾一下你的习惯追踪表。观察和分析自己的哪些习惯坚持得好，哪些习惯还需要强化。

接着，找出那些可能影响你养成习惯的模式或趋势。你可能会发现在特定的日子或情绪状态下，某些习惯更难以坚持。

例如，每到周五晚上，你的思绪就像脱缰的野马，你开始管不住自己。

根据你的追踪结果，调整那些难以坚持的习惯行为，从而让这些习惯更容易养成，也可以通过培养新的习惯来完善。例如，当发现自己周五晚上无法专心阅读或学习的时候，可以试试整理笔记或者看一些有益于学习的纪录片。

当你看到自己能坚持某个习惯时，给自己一些小奖励，庆祝一下自己的进步。这种正向反馈可以极大地提升你的动力和自控力。

养成习惯需要时间，不要因为一时的失败而气馁。持续使用习惯追踪表，可以让自己更容易把习惯坚持下去。随着时间的推移，你的目标和能力可能会改变。你可以定期更新自己的习惯追踪表，让它与你当前的生活状态和目标相匹配。

2. 创建"不做"清单

认真思考并列出那些你想要避免的行为，比如晚睡、长时间刷手机、暴饮暴食等。这种要规避的行为一定要具体，比如不要只是"减少手机使用时间"，而是"晚上10点后不使用手机"。

每天要定时回顾你的"不做"清单，例如中午午休前可以看看上午有没有达到"不做"的预期；晚上睡觉前想一想这一整天有没有"破戒"。你可以把这个"不做"清单放在显眼位置，提醒自己，以确保能经常看到它并牢记在心。

监控、跟踪、记录每天你能在多大程度上避免这些行为。你可以试着记录一下你做这些行为时遇到的挑战。定期反思你的这些"不做"行为。如果有些行为特别难以避免，要思考一下自己为什么会这样，并尝试寻找解决方案或替代行为。

针对每个"不做"的行为，可以试着用一个积极的行为来替代。例如，如果你想避免晚睡，可以养成一个更健康的睡前习惯，例如在睡前的学习之前做会儿瑜伽。

这样做，你不仅能够有效地避免不良习惯，还能逐步提高自己的自控力。随着时间的推移，你的目标和优先事项可能会变化。你可以定期评估"不做"清单，不断审视和调整自己的行为模式，以实现更好的自我管理。

3. 任务与奖励

给自己安排一些有挑战性的任务，让自己去完成，完成后再给自己一定的奖励，让自己获得行为上的正向激励，从而增强自己的意志力。

哪些事情可以作为挑战事项呢？例如，做10道数学题、完成30分钟的运动，或者一天内不用手机。

对于那些无法在短时间内完成的更艰巨的任务，可以将其分解成多个小的挑战。比如，要在一天之内读完一本书可能不现实，但可以读完这书中的某个章节。

完成挑战任务后，立即给予自己预设的奖励。这种及时反馈能够增强未来采取行动的动力。奖励的大小应该与任务的难易相匹配。对于更困难的挑战，可以设定更大的奖励。

和为了养成习惯设置的奖励一样，奖励应当对你有一定激励效果，不一定非要是物质奖励，也可以是精神奖励。在享受奖励的同时，你要意识到这是自己努力和自控的成果。这可以进一步提升你的自我效能感。

要定期反思这种任务与奖励的效果。你可以考虑一下是否需要调整任务的难度或改变奖励类型。根据自己的体验和反馈，不断调整任务与奖励，使其更适合自己，以便持续提高自己的意志力。

通过这种方式，你不仅能在完成具体任务的同时提升自己的意志力，还能学会如何通过自我激励来达成个人目标。这种方法的关键在于保持任务的可实现性和奖励的吸引力，从而使得整个过程既有挑战性又能带来满足感。

通过上述方法，你可以逐渐增强自己的自控力，强化自己的意志力。这个过程不仅对学习有益，对个人发展同样有重要影响。随着时间的推移，你的行动将变得越来越自然，这必将为你的学业成功和人生发展打下坚实的基础。

【测试题】量化评估你当前的屏蔽力

知己知彼,百战不殆。如果你能准确了解自己的屏蔽力水平,你就能更有针对性地进行改进。你可以通过屏蔽力量表(shielding strength scale,SSS)测量自己的屏蔽力。这个量表总共有30道题目,具体如下。

1. 我可以轻易忽略手机/电脑中的各类通知,专心做事。

□完全同意 □比较同意 □中立 □比较不同意 □完全不同意

2. 在吵闹的环境下,我仍能保持高度的注意力,不受干扰。

□完全同意 □比较同意 □中立 □比较不同意 □完全不同意

3. 我能在电脑前连续工作/学习数小时而不看与工作/学习无关的内容。

□完全同意 □比较同意 □中立 □比较不同意 □完全不同意

4. 我不会因为工作/学习中的小困扰而分心。

□完全同意 □比较同意 □中立 □比较不同意 □完全不同意

5. 我很少会因为意外的打扰而中断工作。

□完全同意　□比较同意　□中立　□比较不同意　□完全不同意

6. 我能在会议/学习中保持专注,不会被电脑或手机中的其他应用程序干扰。

□完全同意　□比较同意　□中立　□比较不同意　□完全不同意

7. 我能够排除无关紧要的事务,集中处理优先事项。

□完全同意　□比较同意　□中立　□比较不同意　□完全不同意

8. 我可以很好地平衡工作和个人生活,使两者不互相干扰。

□完全同意　□比较同意　□中立　□比较不同意　□完全不同意

9. 我不会因为家庭琐事而在工作/学习中分心。

□完全同意　□比较同意　□中立　□比较不同意　□完全不同意

10. 我能在多任务环境中保持冷静和专注。

□完全同意　□比较同意　□中立　□比较不同意　□完全不同意

11. 我很少会让自己的思绪分散。

□完全同意　□比较同意　□中立　□比较不同意　□完全不同意

12. 我能够忽略饥饿和疲劳,继续完成任务。

□完全同意　□比较同意　□中立　□比较不同意　□完全不同意

13. 即使在社交场合,我也能保有一定的个人空间,不被干扰。

□完全同意　□比较同意　□中立　□比较不同意　□完全不同意

14. 我不会因为他人的意见和批评而影响自己的判断和决策。

□完全同意　□比较同意　□中立　□比较不同意　□完全不同意

15. 我可以将个人情感和工作/学习分开,确保情绪不影响工作。

□完全同意　□比较同意　□中立　□比较不同意　□完全不同意

16. 我能够在紧张和压力下保持清晰的思维和高效的工作。

□完全同意　□比较同意　□中立　□比较不同意　□完全不同意

17. 我在面对困难和挑战时,能够保持冷静和专注。

□完全同意　□比较同意　□中立　□比较不同意　□完全不同意

18. 我可以迅速识别和排除无关的信息和刺激。

□完全同意　□比较同意　□中立　□比较不同意　□完全不同意

19. 我可以很好地控制自己的冲动和欲望，不会轻易被诱导。

□完全同意　□比较同意　□中立　□比较不同意　□完全不同意

20. 我能够很好地管理和利用自己的时间，减少无效工作。

□完全同意　□比较同意　□中立　□比较不同意　□完全不同意

21. 我能够对抗诱惑，避免娱乐或游戏影响我的工作或学习。

□完全同意　□比较同意　□中立　□比较不同意　□完全不同意

22. 我可以有效地抵制购物冲动，按照计划进行消费。

□完全同意　□比较同意　□中立　□比较不同意　□完全不同意

23. 我可以在复杂和多变的工作/学习环境中保持稳定的效率。

□完全同意　□比较同意　□中立　□比较不同意　□完全不同意

24. 我不会因为无关紧要的事情而影响睡眠和休息。

□完全同意　□比较同意　□中立　□比较不同意　□完

全不同意

25. 我不会为了迎合他人而牺牲自己的需求和价值。

□完全同意 □比较同意 □中立 □比较不同意 □完全不同意

26. 当感到焦虑、压力或失败时，我能让自己迅速平静下来。

□完全同意 □比较同意 □中立 □比较不同意 □完全不同意

27. 即使任务枯燥无味，我也能够持续地保持高度专注。

□完全同意 □比较同意 □中立 □比较不同意 □完全不同意

28. 当事情不如意时，我能迅速找到备选方案，推进事情朝目标前进。

□完全同意 □比较同意 □中立 □比较不同意 □完全不同意

29. 我总是可以很快地回到工作/学习状态，即使被中断。

□完全同意 □比较同意 □中立 □比较不同意 □完全不同意

30. 我能够忽略不重要的批评和负面评价，把握自己的学习和工作节奏，不受他人影响。

□完全同意 □比较同意 □中立 □比较不同意 □完全不同意

每个问题采用 5 点量表，计分方式如下：

完全同意＝5 分；

比较同意＝4 分；

中立＝3 分；

比较不同意＝2 分；

完全不同意＝1 分。

总分在 150～121 分代表高屏蔽力，120～81 分代表中等屏蔽力，80 分以下代表低屏蔽力。

结语：追逐梦想，未来有无限可能

亲爱的同学们：

在你们的学习旅程中，每一步都充满了无限的可能和机遇。

希望你们勇敢地追求知识，不断地探索和成长。

学习不仅是为了应对考试和获取成绩，它更是一个自我发现和不断提升的过程。

在这个过程中，你们可能会遇到挑战和困难，但请不要灰心。

每个挑战都是一次成长的机会，每次失败都离成功更近了一步。

请保持对新事物的好奇心和热情，用开放的心态接纳不同的观点和想法。

勤于思考，敢于质疑，不断创新。

你们的未来没有限制。不要害怕追求自己的梦想，无论它们有多么遥远。

努力、坚持和勇气会带领你们走向成功。

请相信自己的潜力，珍惜每一次学习机会，创造属于自己的未来。

不要忘记在人生的旅程中享受每一刻,要保持乐观和积极的态度。

学习是一次美妙的冒险之旅,愿你们在这次冒险之旅中找到自己的热情所在,实现自己的梦想。

祝你们好运,期待看到你们的成长和成功!

图书在版编目（CIP）数据

睡眠学习法 / 爱编程的魏校长著. --北京：中国人民大学出版社，2024.6
ISBN 978-7-300-32783-9

Ⅰ.①睡… Ⅱ.①爱… Ⅲ.①学习方法 Ⅳ.①G442

中国国家版本馆 CIP 数据核字（2024）第 091014 号

睡眠学习法
爱编程的魏校长　著
Shuimian Xuexifa

出版发行	中国人民大学出版社		
社　　址	北京中关村大街 31 号	邮政编码	100080
电　　话	010-62511242（总编室）	010-62511770（质管部）	
	010-82501766（邮购部）	010-62514148（门市部）	
	010-62515195（发行公司）	010-62515275（盗版举报）	
网　　址	http://www.crup.com.cn		
经　　销	新华书店		
印　　刷	北京七色印务有限公司		
开　　本	890 mm×1240 mm　1/32	版　次	2024 年 6 月第 1 版
印　　张	7.625	印　次	2024 年 6 月第 1 次印刷
字　　数	140 000	定　价	59.00 元

版权所有　　侵权必究　　印装差错　　负责调换